수의사로 일한 지 어느덧 20년이 넘었습니다. 처음 수의 임상에 발을 디딘 2002년은 온 나라가 월드컵의 열기로 가득할 때였습니다. 그런 열기 탓인지 그때는 충동적으로 강아지를 구매하는 경우가 많았습니다. 연인 간에 선물로 주기도 하고 펫샵에서 구경하다 눈에 밟히는 강아지를 생각 없이 데려오기도 했습니다. 강아지가 많은 사람에게 사랑을 받는 건 좋지만, 문제는 이후에 발생하였습니다.

아무런 대책 없이 입양했기 때문에, 연인과 헤어지거나 애정이 식으면 강아지는 바로 애물단지가 되어 버립니다. 천덕꾸러기가 된 강아지는 이상 행동을 보이다가 결국 갈 곳을 잃어버립니다. 키울 환경이 되지 않는 보호자는 강아지를 다른 곳으로 보내기도 합니다. 당시에는 분양계약서 등의 판매자 책임에 대한 제도도 없었기 때문에 병든 강아지를 데려와도 보상받을 길이 없었습니다. 파보장염이나 홍역에 걸린 강아지는 사형 선고를 받은 것과 다름없었습니다. 치사율과 전염율이 높아 치료해도 사망하는 경우가 많았고 치료 비용도 많이 들었기 때문입니다. 대부분의 보호자는 치료를 포기했고, 간혹 몇몇 보호자가 높은 치료 비용을 내면서까지 살려 보려 애를 썼지만 결국 마음에 상처를 입는 경우가 많았습니다. 많은 강아지가 그렇게 불행해졌습니다.

이런 모습을 보니 수의사인 저도 강아지를 키울 엄두가 나지 않았습니다. 한 생명을 데려와서 15년 동안 책임질 자신도, 여유도 없었습니다. 그렇게 10여 년이 지나고 우연히 강아지를 키울 기회가 생겼습니다. '서울시수의사회'에서 올바른 방식으로 강아지를 키울 수 있는 환경을 조성하고 보호자 교육에 필요한 지식을 습득하기 위해 '행동학연구회'를 만들었는데, 저도 그 연구회의 구성원으로 교육을 받았습니다. 어느 정도 교육이 끝난 뒤 실제로 어린 강아지를 키워 보면 좋을 것 같다는 의견이 나왔는데, 그때 강아지 키우기를 제안받았습니다. 사실 저는 그때까지만 해도 여전히 강아지를 키워도 될지 확신이 서지 않았습니다. 당장 결정을 하기 어려워 아내에게 전화를 걸었습니다.

'여보, 우리 연구회에서 강아지를 키워 보면 어떻겠냐고 하는데 내가 데려가도 될까?'

아내는 흔쾌히 괜찮다고 말해주었습니다. 두고두고 고맙게 생각하는 일입니다. 그때 **써니**를 만나지 못했다면 제 삶에 결핍이 있는 줄도 모르고 살아왔을 것 같습니다.

처음 써니와 만났을 때는 교육에만 충실해야겠다고 생각했습니다. 엄하게 해야겠다고 말입니다. 하지만 그 생각은 오래가지 못했습니다. 어느 틈에 써니는 제 마음 한구석에 비집고 들어와 점차 그 자리를 넓히고 있었고 저는 속수무책으로 자리를 내어줄 수밖에 없었습니다. 그 모든 과정은 아주 즐거웠습니다. 가르치고, 알아가고, 따라주고, 믿어주고, 기대주는 것까지 모두 즐거웠습니다. 동물과의 교감이 주는 충만함이 무엇인지 써니를 키우면서 알게 되었습니다. 저와 같은 경험을 많은 사람이 느껴보길 바랍니다. 인생에서 자신만의 강아지를 키워보지 않는 것은 큰 손해일지 모릅니다. 늘 같은 자리에서 변함없이 나를 바라봐 주고 지지해 주는 존재가 있다는 것은 쉽게 느낄 수 없는 경험입니다. 부드러운 털을 쓰다듬으며 눈을 맞추면 걱정이나 근심도 잠시 잊을 수 있습니다. 단 그렇게 되기까지 노력해야 합니다. 필요한 것을 채워주고 마음을 나눠주어야 합니다. 그럼 강아지는 반드시 백배 천배로 돌려줄 것입니다. 이 책이 그런 특별한 관계로 나아가는 나침반이 되면 좋겠습니다.

내 딸 써니에게

막상 편지를 쓰려니까 무슨 말을 해야 할지 모르겠네. 우리 써니는 아빠가 이런저런 말로 칭찬하는 것보다 간식 한 개 주는 걸 더 좋아할 텐데 말이야. 아빠는 써니를 만나기 전엔 사람들이 왜 그렇게 자신의 반려견에 죽고 못 사는지 잘 이해하지 못했어. 그냥 동물은 동물일 뿐이라고 생각했지. 그런데 어느 날 우연히 널 만나게 된 후 생각이 바뀌었어. 아빠는 널 만나서 운이 아주 좋았다고 생각해. 네 덕에 또 다른 행복을 느낄 수 있었으니까.

처음에 너를 데려왔을 때는 그냥 잘 가르쳐야겠다고만 생각했어. 앉아! 기다려! 이리와! 같은 말을 그대로 따르게 하는 게 목표였지. 처음 아빠 병원으로 네가 왔을 때 아빠는 네가 어떤 품종인지도 몰랐어. 한 번도 본 적이 없었거든. 시골 강아지 같은 모습을 하고 오는 동안 겁에 질려 캐리어 안에서 토한 뒤의 너의 모습은 꾀죄죄하기만 했었어. 아빠도 강아지를 처음 키우는 터라 어찌할 줄 몰라 물티슈로만 대충 닦아주고 퇴근해 버렸지. 미안해. 엄마와 형제들하고 떨어져서 낯선 곳으로 와서 무서웠을 텐데, 그런 너를 혼자 두고 와서 미안해. 지금 생각하면 '집으로 데려와서 밤새 안아 줄걸' 하고 후회해. 이제는 10년 가까이 지나서 네 기억도 가물가물하겠지만 그래도 꼭 한번은 말해야겠다고 생각했어.

아빠는 너를 키우면서 한 번도 힘든 적이 없었어. 이상하지? 네가 패드 밖으로 흘린 소변이나 대변을 치울 때도, 아침에 새벽같이 일어나 밥 달라고 조를 때도, 일하고 집에 들어와서 소파에 널브러진 아빠를 보고 나가자고 보챌 때도 그게 그렇게 싫지는 않더라.

물론 새벽에 일어나기는 힘들어서 시간 맞춰 나오는 자동 급식기를 샀지만 말이야. 그래도 네 덕분에 존재만으로 위로가 된다는 말이 무슨 말인지 알게 됐어. 아무리 힘든 일이 있어도 집에 들어와서 너를 쓰다듬고 있으면 지쳐 있던 가슴이 너의 따뜻한 온기로 가득해지더라. 항상 고마워!

가끔은 언젠가 너라는 존재를 잃어야 한다는 게 두렵기도 하지만 그래도 너를 키울 수 있어서 다행이라고 생각해. 이렇게 따뜻하고 위로받는 생명체를 경험하지 못했다면 내 인생이 얼마나 허무했을까 생각해. 아빠보다 더 빨리 나이 들어갈 너지만 벌써부터 슬픈 생각은 하지 않으려고. 우리에겐 아직 한참 더 시간이 남아 있으니까. 아빠랑 조금만 더, 아니 아주 많이 함께 있어 주면 좋겠어. 네가 먹을 것 앞에서 보여주던 진지한 표정, 선풍기 앞에서 배를 드러내고 자는 모습, 출근하기 전에 놀아달라며 장난감을 물어오는 천진난만함까지 더 오래 보고 싶거든.

오늘도 아빠가 들어오기를 기다리며 자고 있을 써니야!
아빠 금방 들어갈 테니까 조금만 기다려. 같이 산책 가자.

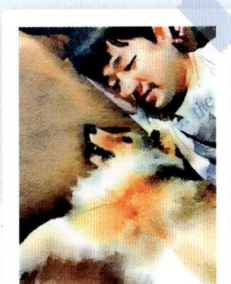

# 목차

프롤로그

## PART 1 입양 준비하기

01 어디에서 데려오면 되지?    12
02 나에게 맞는 반려견을 찾아보자    15
    우리나라에서 가장 많이 키우는 반려견    16
03 반려견을 데려오기 전에 준비할 것들    24

## PART 2 육아 시작하기

### chapter 1 적응기_집에 데려와서 2주 내외의 기간

01 새로운 집에 적응하기
    첫인사 하기    33
02 적응기에 할 수 있는 교육
    화장실 교육    37
    이동장(크레이트) 교육    43
03 적응기에 자주 보이는 질환 및 대처법
    소화기 질환    45
    호흡기 질환    46
    피부 질환    47
    외부 기생충성 질환    48

## chapter 2　기본 교육 시기_8주~16주 사이

**01　예방접종하기**
　　예방접종 스케줄　　　　　　　　　　　51
　　심장사상충 예방　　　　　　　　　　　51

**02　8주~16주에 해야 하는 교육**
　　교육의 원칙　　　　　　　　　　　　　52
　　기본 교육의 종류　　　　　　　　　　　54

**03　강아지 사회화**
　　사회화의 중요성　　　　　　　　　　　60
　　강아지의 성격 파악하기　　　　　　　　62
　　올바른 사회화 방법　　　　　　　　　　64

**04　사람과 소통하는 법**
　　'해주세요(존중)' 교육　　　　　　　　　67

**05　기본예절 교육**
　　기본예절 교육의 원칙　　　　　　　　　79
　　기본예절 교육의 종류와 방법　　　　　　81

**06　기본 교육 시기에 자주 보이는 질환 및 대처법**
　　이물 섭취　　　　　　　　　　　　　　92
　　발가락 골절　　　　　　　　　　　　　94
　　접종 과민 반응　　　　　　　　　　　　95

### chapter 3   청소년기(사춘기)_6개월~1살까지

**01 청소년기**
꾸준히 이어져야 하는 사회화 교육     97

**02 중성화 시기**
중성화 수술     100

**03 반려동물 등록 의무화**
마이크로 칩     103

### chapter 4   성년기_1살~7살까지

**01 성년기**
성년기에 함께하면 좋은 활동     106

**02 성년기에 자주 보이는 질환 및 대처법**
성견의 건강 검진     113
치과 질환     115
귀 질환     117
피부 질환     119
소화기 질환     131
호흡기 질환     135
관절 질환     137

### chapter 5 　노년기_8살부터~

**01 노년기**
　　노년기에 함께하면 좋은 활동　　　　　　　　141

**02 노년기에 신경 써야 하는 변화 및 관리**
　　노년기에 나타나는 행동의 변화　　　　　　　146
　　노년기에 꼭 필요한 관리　　　　　　　　　　149

**03 노년기에 자주 보이는 질환 및 대처법**
　　노령성 질병　　　　　　　　　　　　　　　　153

## PART 3
## 이별 준비하기

**01 이별 준비하기**
　　이별을 위한 준비　　　　　　　　　　　　　　166
　　반려견의 장례 절차　　　　　　　　　　　　　167
　　안락사에 대하여　　　　　　　　　　　　　　169

**02 펫로스 증후군**
　　펫로스 증후군이란?　　　　　　　　　　　　　171
　　펫로스 증후군 극복하기　　　　　　　　　　　172

　　에필로그

# 입양 준비하기

# 01
# 어디에서 데려오면 되지?

반려견을 키우려고 생각했다면 가장 먼저 고려해야 하는 부분은 '어디서 데려오면 좋을까?'입니다. 보통 반려견을 입양하는 방법은 세 가지입니다.

첫 번째, 유기동물 보호소에서 유기된 동물 입양하기

두 번째, 전문 켄넬 이용하기

세 번째, 펫샵 이용하기

•• 반려견 입양처 ••

▶ 유기동물 보호소

"사지 말고 입양하세요."

다들 한 번씩은 들어보셨죠. 생명체를 돈으로 사고팔기보다는 집 잃은 동물을 따뜻하게 입양하자는 취지의 문구입니다. 유기동물 보호소에는 각자 다른 사연을 가진

▲ 유기견 보호소

다양한 품종과 나이대의 강아지가 있습니다. 저마다의 이유로 상처를 받은 아이들이지만 이들을 입양해서 행복하게 키우는 것도 의미 있는 일일 것입니다.

동물자유연대의 조사에 따르면 2020년 유기된 개의 경우 약 80%가 0~3세 사이였다고 하니 원한다면 어린 강아지들의 입양도 가능할 것입니다. 입양에 관련한 정보는 시군구별 유기동물 보호소를 통해 확인할 수 있습니다.

▶ 전문 켄넬

전문 켄넬(Kennel : 사육장)은 한 품종만 전문적으로 키우기 때문에 켄넬의 브리더를 통해 입양한다면 내가 좋아하는 품종의 강아지를 어릴 때부터 키울 수 있다는 장점이 있습니다. 성견을 입양했다고 해서 신뢰가 덜 쌓인다고 볼 수는 없지만 어린 강아지를 입양한다면 강아지가 커가는 모습을 보며 서로의 생활을 맞춰가는 즐거움을 느낄 수 있습니다.

전문 켄넬의 경우 방문한다고 해서 바로 입양할 수 있는 것은 아닙니다. 항상 강아지가 있는 것도 아니고, 입양하기 전에 자신의 생활상과 맞을지 상담하고 기다리는 과정이 필요합니다. 각 품종별로 전문 켄넬이 있으니 검색하고 찾아가 볼 것을 추천합니다.

▲ 동일 품종의 강아지

▶ 펫샵

우리가 가장 쉽게 강아지를 접할 수 있는 곳은 바로 펫샵(Pet shop)입니다. 세계적으로 동물 보호에 대한 인식이 높아지면서 펫샵의 형태는 조금씩 사라지는 추세입니다. 어린 강아지들을 좁은 유리방 안에 가두고 사람들에게 전시하듯 보여주는 것은 강아지들이 쉽게 스트레스를 받고, 사회성을 키우는 데도 방해가 되며 윤리적인 문제도 뒤따릅니다. 하지만 우리나라에는 여전히 많은 펫샵이 있고, 또 많은 수의 강아지들이 펫샵을 통해 분양되고 있는 것이 사실이기에 입양의 한 방법으로 다루었습니다.

▲ 펫샵 강아지 진열장

펫샵에 있는 대부분의 강아지는 공장에서 태어납니다. 기계적인 교배를 통해 태어난 강아지는 부모, 형제와 제대로 된 유대를 형성할 겨를도 없이 판매처로 옮겨지는 경우가 많습니다. 펫샵은 여러 종류의 강아지를 볼 수 있고 바로 분양이 가능하다는 장점이 있지만, 이처럼 그 이면에 어두운 진실이 있는 것도 사실입니다. 펫샵에서 강아지를 선택하는 것이 강아지 공장을 지속하게 만드는 이유가 될 수도 있습니다. 이것이 우리가 펫샵을 통한 입양에 신중해야 하는 이유입니다.

## 02
# 나에게 맞는 반려견을 찾아보자

▲ 써니(셰틀랜드 쉽독/♀/2015)

반려견을 키우기로 마음먹었다면 어떤 품종의 강아지가 나에게 맞을지 고민해야 합니다. 평소에 눈여겨보던 품종이 있을 수도 있고 주변으로부터 추천받은 품종이 있을 수도 있습니다. 품종마다 각각의 고유한 특성이 있으므로 반려견을 데려오기 전에 나의 생활 패턴과 잘 맞는지 확인해 봐야 합니다. 특히 반려견에게 할애할 시간이 충분한지 확인하는 것은 매우 중요합니다. 본인이 너무 바빠서 집을 비우는 시간이 길다면 안타깝게도 강아지를 키워서는 안 됩니다. 리트리버, 셰퍼드, 보더콜리, 코커 스패니얼 등 워킹독(Working dog : 특수한 목적을 가지고 사람과 함께 일하는 강아지)으로 분류되는 강아지들은 단지 시간을 보내는 것뿐만이 아니라 충분한 활동량이 보장되어야 하므로 그만큼 함께 운동해 줄 수 없다면 키우기에 적합하지 않습니다.

다소 생활 패턴과 어긋나더라도 정말 좋아하는 품종이라면 입양을 고려해 봐도 좋습니다. 반려견을 위해 내 생활 패턴을 조정할 수 있다면 말이죠. 반려견을 맞이하는 데 무엇보다 필요한 것은 바로 좋아하는 마음입니다. 좋아하는 마음만 있다면 조금 부족하더라도 최대한 서로 맞추려 노력할 것이고, 서로의 실수도 쉽게 용서됩니다. 다만 아무리 좋아하더라도 본인의 생활 환경과 동떨어진 품종의 강아지는 입양해서는 안 됩니다. 원룸에 살면서 대형견을 입양한다면 보호자와 강아지 모두 불행해질 것이 자명하기 때문입니다.

반려동물을 키울 때는 보호자도 행복해야 하지만 반려동물도 행복해야 합니다. 또한 반려동물을 키움으로써 주변에 피해를 주는 일은 없어야 합니다. 모두가 행복할 수 있는 방향을 모색한다면 나에게 맞는 반려견을 찾는 일이 그리 어렵지 않을 것입니다.

## 🐾 우리나라에서 가장 많이 키우는 반려견

우리나라는 대부분 아파트나 빌라와 같은 공동주택에서 생활하는 경우가 많기 때문에 대형견보다는 소형견을 선호하는 경향이 있습니다. 2021년 조사에 따르면 한국인들이 가장 선호하고 많이 키우는 품종으로는 몰티즈와 푸들, 포메라니안이 선정되었고, 그 뒤를 이어 믹스견, 시츄, 치와와 등이 뒤따랐습니다. 모두 소형견입니다. 최근에는 비숑프리제도 인기 반려견으로 자리 잡는 추세입니다.

대형견 중에는 진돗개와 골든 리트리버가 선호됩니다. 간혹 대형견에 대한 로망이 있는 분들이 있는데, 대형견을 키우기 위해서는 필요한 조건이 있습니다. 대형견들은 소형견에 비해 행동반경이 훨씬 더 넓으므로 넓은 공간(마당이 있는 집)과 더 많은 운동 시간을 필요로 합니다. 이 조건을 충족시킬 수 없다면 모두의 행복을 위해 키우지 않는 편이 낫습니다. 단순히 보호자의 로망 실현을 위해 좁은 집에서 충분한 운동 시간 없이 키워지는 대형견의 경우 스트레스로 인한 문제 행동을 보일 가능성이 더욱 크고 그 피해 또한 적지 않기 때문입니다.

## 인기 반려견의 종류

▶ 토이 푸들

- 원산지 : 프랑스
- 분류 : 애완견

토이 푸들은 18세기 루이 16세 시대에 인위적으로 만들어진 품종입니다. 조렵견(鳥獵犬, Gun dog : 새를 사냥하는 사냥꾼을 돕는 개)인 스탠더드 푸들을 개량한 것으로 똑똑하고 기억력이 좋아 학습 능력이 뛰어난 품종이며, 털 빠짐이 적은 편이라 실내견으로 좋습니다. 산책을 매우 좋아하기 때문에 매일 산책을 나갈 수 있어야 하고, 산책은 하루 20분씩 두 번이 적당합니다. 만지는 걸 좋아하지 않는 경우가 많으므로 어릴 때부터 사람의 손길에 익숙해지도록 교육해야 합니다. 어리광이 심하고 분리불안을 보일 수 있어 혼자 있는 방법이나 가족 이외의 사람과도 잘 지낼 수 있도록 가르쳐야 합니다.

▶ 몰티즈

- **원산지** : 몰타섬
- **분류** : 애완견

몰티즈는 다른 소형견들과는 다르게 몰타섬에서 자연 발생한 품종으로 알려져 있습니다. 기본적으로 사람을 좋아하고 영리하기 때문에 화장실도 쉽게 가리는 편입니다. 애정을 쏟고 신뢰 관계를 잘 형성하면 온순하고 다정한 강아지로 자라지만, 충분한 신뢰 관계를 쌓지 못한다면 공격성을 보이며 심하게 짖을 수 있습니다. 운동이 많이 필요한 편은 아니므로 산책은 하루 10분씩 두 번 정도면 적당합니다. 하얀 털이 매력적이지만 눈과 입 주변이 착색되는 경우가 흔하고 관절이 약한 편입니다.

▶ 포메라니안

- **원산지** : 독일
- **분류** : 스피츠 계열

북방 스피츠 계열(늑대와 유사한 유전적 형질을 지닌 견종)에서 소형화된 것으로 추정합니다. 풍성하고 매력적인 털을 가지고 있으며 매일 빗질을 하여 털이 뭉치지 않게 관리해야 합니다. 귀여운 외모와는 다르게 신경질적인 면이 있고 고집이 센 편이라 어릴 때부터 제대로 된 교육과 신뢰 관계를 형성해야 합니다. 신뢰 관계를 형성하지 못하면 자기가 원하는 것을 얻기 위해 심하게 짖거나, 공격성을 보이는 등 문제 행동을 하기도 합니다. 호기심이 왕성하기 때문에 참견하기를 좋아하며 급한 성격 탓에 보호자가 안고 있을 때 뛰어내려 골절을 당하는 경우가 흔합니다. 관절과 뼈가 약한 편이므로 심한 운동은 피하는 것이 좋고, 산책은 하루 10~20분 내외로 두 번 정도면 적당합니다.

▶ 시츄

- **원산지** : 중국(티벳)
- **분류** : 애완견

페키니즈와 라사 압소를 교배시켜 탄생한 품종입니다. 지능은 높지 않지만, 보호자의 말에 귀 기울일 줄 알고 감정 표현에도 충실한 편입니다. 많은 운동량을 필요로 하지 않고 귀염성 있는 성격 때문에 나이가 든 보호자들에게도 적합합니다. 다만 충분한 신뢰 관계를 쌓지 못한다면 신경질적으로 변해 자주 짖거나 공격성을 보이기도 합니다. 긴 털의 관리가 중요하고 눈이 큰 탓에 각막을 다치는 경우가 많으며 산책은 하루 10분씩 두 번 정도면 적당합니다.

▶ 치와와

- **원산지** : 멕시코
- **분류** : 애완견

　귀여운 생김새와는 다르게 공격적인 경우가 많습니다. 지기 싫어하고 투쟁심도 있지만, 한편으로는 겁이 많기도 합니다. 치와와는 자존심이 강한 탓에 교육하기 어려운 편입니다. 간단한 교육 위주로 끈질기게 반복해서 가르쳐야 하고 가능한 한 야단을 치지 않도록 합니다. 야단을 치면 자존심이 상해 교육하기 더 어려워지기 때문입니다. 작은 체구로 인해 뇌 수두증이 발생하는 경우가 상대적으로 많고 안과 질환에 자주 걸리며 관절이 약한 편입니다. 산책은 하루 10분 정도면 충분합니다.

▶ 비숑 프리제

- **원산지** : 벨기에, 프랑스
- **분류** : 애완견

　커다란 솜사탕 같은 머리털이 인상적인 품종입니다. 비숑 프리제는 털 빠짐도 적고 사람에게 안기는 것도 좋아해 실내에서 키우기 적합합니다. 보기보다 몸이 단단하고 건강하며 보호자에 대한 충성심도 뛰어납니다. 게다가 똑똑하고 명랑하며 활발한 성격 탓에 인기 견종으로 자리매김하고 있습니다. 피부가 약해 피부 질환이 많은 편이며 산만한 성격으로 교육 훈련이 어려울 수 있습니다. 따라서 집중 훈련을 먼저 한 이후에 다른 교육을 하는 것이 좋습니다. 산책은 하루 20분씩 두 번 정도면 적당합니다.

▶ **골든 리트리버**

- **원산지** : 영국
- **분류** : 조렵견

골든 리트리버는 순한 대형견의 전형적인 모습입니다. 평화를 사랑하며 명랑하고 쾌활하여 다른 강아지나 사람과 놀기 좋아합니다. 어릴 때는 장난이 매우 심해 걱정이 되기도 하지만 나이가 들면 놀랍도록 의젓해집니다. 매우 많은 활동량을 필요로 하기 때문에 하루 한 시간 이상은 산책시키며 놀아주어야 합니다. 무분별한 교배로 인해 고관절 이형성증을 가진 개체가 많으며, 실외에서 키우는 경우가 많아 심장사상충 등 기생충 예방에 신경 쓰고 여름철에는 피부 질환을 주의해야 합니다.

### ▶ 진돗개

- **원산지** : 한국
- **분류** : 스피츠 계열

　진돗개는 우리나라의 진도가 원산인 품종입니다. 예민하지만 충성심이 높고 깔끔한 성격 탓에 자기 관리도 뛰어납니다. 자는 곳에서는 절대로 대소변을 보지 않기 때문에 만약 실내에서 키운다면 최소 하루에 세 번은 외출하여 대소변을 볼 수 있도록 해야 합니다. 보호자에 대한 충성심과 영역에 대한 수호 의지가 간혹 공격성으로 변하기도 하므로 어릴 때부터 주변 사람이나 다른 동물들과의 사회화에 각별히 신경 써야 하며 이후에도 계속해서 가르쳐야 합니다. 예민한 성격과 공격성 탓에 수의사들이 가장 두려워하는 품종이기도 하지만, 이는 묶어 키우는 등의 잘못된 사육 방식이 원인인 것으로 보입니다. 보호자와 충분히 교감하고 실내에서 생활하는 진돗개의 경우는 공격성이 크지 않은 경우가 많습니다. 하루 한 시간 정도는 산책 및 운동 시간이 필요합니다.

　원하는 품종을 결정했다면 적어도 8주까지는 부모 형제와 함께 지낸 강아지를 선택하는 것이 좋습니다. 강아지는 8주 동안 부모 형제와 지내면서 다양한 것을 배워야 하기 때문입니다.

> ⟨강아지가 부모 형제에게 배우는 것⟩
> ① 힘을 조절하고 자제하는 방법
> ② 부모로부터 받는 애정을 통한 안정감
> ③ 형제와 함께 지내며 사회성 형성
> ④ 불안감 해소 방법 습득

생후 3개월이 지난 강아지를 입양해야 한다는 의견도 있으나, 이런 경우 가장 중요한 사회화 교육의 시기를 놓칠 수 있어 8주가 가장 적당합니다.

## 03
# 반려견을 데려오기 전에 준비할 것들

처음 강아지를 키우는 경우라면 데려오기 전에 필요한 용품을 미리 준비해야 합니다. 최소한 어떤 것들이 있어야 하는지 간단하게 살펴보도록 하겠습니다.

### •• 반려견을 위한 용품 ••

▶ 이동장

크레이트라고도 부릅니다. 강아지를 데려올 때나 동물병원 방문 등 외출할 때도 쓸 수 있지만, 이동장 교육을 하면 평소에 방처럼 사용할 수 있습니다.

▶ 사료

사료는 반려견의 나이나 크기, 품종과 건강 상태는 물론 사료의 형태에 따라서 여러 종류로 나뉩니다. 사료를 선택할 때는 담당 수의사와 상의하여 양육 환경에 맞는 사료를 결정하고 이후 성장기에 맞춰 바꾸면 됩니다.

▶ 식기

　밥그릇과 물그릇은 따로 준비하는 것이 좋습니다. 플라스틱 그릇보다는 사기로 만든 그릇이 알레르기 발생 확률이 적으며, 물은 자주 갈아주고 식기도 자주 씻어 깨끗한 상태를 유지합니다. 반려견이 밥이나 물을 먹을 때 너무 숙여서 먹지 않도록 받침이 있는 그릇을 사용하는 것이 좋은데, 특히 자주 사레들리는 강아지의 경우 받침을 두는 것만으로도 예방할 수 있습니다.

▶ 울타리

　반려견의 행동반경을 제한하는 울타리입니다. 자칫 가둬놓는다고 생각할 수 있지만 처음 강아지를 데려왔다면 우선 울타리 안에서 지내게 하면서 화장실 교육을 시켜야 합니다. 작은 강아지에게는 보호자가 사는 집이 너무 넓어 화장실까지 가지 못하고 실수하는 경우가 많기 때문입니다. 처음에는 좁은 공간부터 시작하여 점차 넓히는 것이 적응과 화장실 교육에 더 도움이 됩니다.

TIP 화장실 교육은 [PART 2. 육아 시작하기 > chapter 1. 적응기 > 2. 적응기에 할 수 있는 교육 > 화장실 교육(37p)]을 참고합니다.

▶ 배변 패드/패드판

반려견용 배변 패드는 반려견의 소변을 빠르게 흡수하고 냄새도 줄여줍니다. 게다가 패드의 촉감에 익숙해지면 반려견 스스로 패드를 화장실로 인식하게 되어 화장실 교육도 빠르게 진행할 수 있습니다. 배변 패드만 놓고 사용해도 되지만, 패드가 밀려나거나 접히지 않도록 패드판을 함께 쓰기도 합니다.

▶ 소변 탈취제

반려견이 배뇨 실수를 했을 때 소변 냄새를 지우기 위해 사용하는 탈취제입니다. 화장실 교육을 해도 언제든지 실수할 수 있습니다. 생각보다 소변 냄새가 지독하기도 하고 바로 치우지 않으면 각종 세균에 노출될 수 있으니 하나쯤은 구비해두는 것이 좋습니다.

▶ 장난감

▲ 공

▲ 노즈워크

▲ 여러 가지 장난감

장난감은 반려견의 스트레스 해소는 물론 훈련용으로도 사용할 수 있습니다. 장난감의 종류에는 던지기 놀이를 할 수 있는 공 장난감, 잡아당기기 놀이를 할 수 있는 터그 장난감, 후각을 활용해 간식을 찾는 노즈워크 외에도 낚싯대나 인형 등 종류가 매우 다양합니다. 여러 가지 장난감을 갖춰 놓고 그때그때 다른 장난감을 사용해서 놀아주면 강아지가 흥미를 잃지 않고 꾸준히 가지고 놀 수 있습니다.

### ▶ 브러시

빗질은 자주 해주는 것이 모질 향상과 피부 건강에 좋습니다. 어린 강아지들의 배냇털은 쉽게 뭉치니 브러시 팁이 고무로 코팅된 빗을 사용해서 매일 부드럽게 마사지하듯 빗질해 주면 좋습니다.

### ▶ 치약/칫솔

강아지는 보통 6개월 전후로 이갈이를 시작합니다. 어차피 빠지는 이빨이니 처음에는 신경 쓰지 않아도 된다고 생각할 수 있지만, 미리 칫솔질을 연습하지 않으면 이후에 칫솔질하기는 더 어려워집니다. 강아지 치약은 닭고기 등 강아지들이 좋아하는 맛을 첨부해서 만드는데, 용량은 손가락 한 마디를 넘지 않게 사용해야 합니다. 칫솔의 경우 손가락에 끼우는 칫솔이나 티슈형 칫솔도 있으니 상황에 맞게 선택하면 됩니다. 칫솔질이 어려운 경우 바르기만 하면 되는 젤 타입의 치약도 있지만, 가급적이면 칫솔과 치약을 사용해서 닦아주는 것이 가장 좋습니다.

▶ 발톱깎이

강아지의 발톱은 끊임없이 자랍니다. 자주 산책하는 강아지라면 걸으면서 자연스럽게 갈리기도 하지만 그래도 가끔은 발톱을 잘라 주어야 합니다. 길어진 발톱은 보호자에게 상처를 낼 수도 있지만, 보행에도 방해가 되어 관절에 안 좋은 영향을 줄 수 있기 때문입니다. 투명한 발톱인 경우 분홍색 혈관 앞 2~3mm 지점을 자르면 되고, 불투명해 혈관이 보이지 않는 발톱이라면 발톱의 1/3 지점을 자르되 너무 짧게 자르지 않는 것이 좋습니다. 발톱을 자르다가 혈관을 건드려 피가 나면 강아지에게 발톱 자르는 행위가 공포로 다가와 다음부터는 발톱 자르기가 더 어려워지기 때문입니다. 만약 피가 난다면 수건이나 휴지를 대고 2~3분 압박하면 지혈됩니다.

▶ 귀 세정제

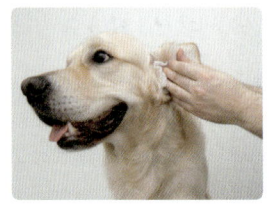

귀 세정제는 액상 형태로 된 것과 패드 형태로 된 것이 있습니다. 반려견의 귀가 지저분하지 않다면 간편하게 패드 형태를 사용해도 괜찮습니다. 세정제를 사용할 때는 귀 안쪽의 굴곡을 따라 부드럽게 닦아내면 됩니다. 귀에 분비물이 많다면 질병으로 인한 문제일 수도 있으니 병원에서 진료를 받은 후 적절한 귀 세정제를 추천받는 것이 좋습니다.

▶ 목줄

▲ 목줄　　　　▲ 가슴줄　　　　▲ 젠틀리더

목줄은 산책 필수품입니다. 다양한 형태의 목줄이 있지만 보통은 가슴줄을 선호합니다. 일반적인 목줄의 경우 자칫 목이 졸려 다칠 위험이 있기 때문입니다. 하지만 너무 산만하거나 앞으로 달려나가는 반려견의 경우 일반적인 목줄이나 젠틀리더와 같은 행동 교정용 목줄이 더 좋을 수도 있습니다. 적절한 산책 교육 후에 반려견에 맞는 목줄을 선택하면 됩니다.

(TIP) 산책 교육은 [PART 2. 육아 시작하기 > chapter 2. 기본 교육 시기 > 5. 기본예절 교육 > 산책 예절 교육(88p)]을 참고합니다.

PART 2

# 육아 시작하기

Chapter 1

# 적응기

- 집에 데려와서 2주 내외의 기간 -

01. 새로운 집에 적응하기
02. 적응기에 할 수 있는 교육
03. 적응기에 자주 보이는 질환 및 대처법

# 01
# 새로운 집에 적응하기

반려견을 입양해서 데려왔다면 새로운 환경에 잘 적응할 수 있도록 도와야 합니다. 반려견의 입장에서 보면 어느 날 갑자기 낯선 사람이 나타나 자신을 처음 보는 장소로 데려온 것이라 당연히 무섭고 불안할 수밖에 없습니다. 그렇다고 해서 너무 호들갑스럽게 환영하면 놀랄 수 있으니 차분하게 맞이하도록 합니다.

## 🐾 첫인사 하기

### •• 집에 다른 반려견이 있다면 ••

집에 먼저 키우던 반려견이 있다면 조심스럽게 소개해 주어야 합니다. 집에 있던 기존의 반려견에게도 적응할 시간이 필요하기 때문입니다. 어떤 반려견들은 새로 온 강아지를 보고 숨거나, 반대로 밀어내려고 못살게 굴기도 합니다. 때로는 보호자의 관심을 끌기 위해 짖기, 긁기, 물건 숨기기, 보호자 뛰어넘기 등과 같이 평소에는 하지 않던 행동을 하기도 합니다. 하지만 이런 행동들은 정상입니다. 사람도 새로운 사람을 만나면 경계하고, 자신에 대한 관심과 사랑이 없어질까 조바심 내는데 동물이라고 다를 수는 없죠. 이처럼 기존의 반려견 역시 처음에는 문제 행동을 보이는 듯하다가 1~2주 정도 지나면 괜찮아집니다.

먼저 있던 반려견과 새로 온 강아지 모두 스트레스 받지 않고 건강하게 첫인사를 하기 위해서 가장 중요한 것은 '서서히 익숙해지기'입니다. 빨리 친해지게 만들겠다며 성급하게 행동하는 것은 오히려 역효과를 일으킬 수 있습니다. 우선 새로운 강아지를 이동장에 둔 채로 기존의 반려견이 스스로 다가가 냄새를 맡을 수 있도록 해줍니다. 그런 다음에는 한동안 새로운 강아지를 다른 방에 두어 서로 격리해 둡니다. 서로의 존재는 알지만 직접 마주치지는 않게 하는 것이 포인트입니다. 그러는 동안 각자의 냄새가 묻은 방석 등을 바꾸어 주어 서로의 냄새에 서서히 익숙해지게 만듭니다. 어느 정도 익숙해지면 같이 있는 시간을 조금씩 늘리고, 함께 있는 상황에서 모두에게 간식을 주어 즐거운 경험을 공유하게 합니다. 이런 과정을 거친다면 보통은 새로운 강아지를 자연스럽게 받아들입니다.

하지만 이런 노력을 거쳤음에도 불구하고 문제 행동이 줄어들지 않고 오히려 더 공격적으로 변한다면, 저절로 나아지기를 바라지 말고 행동 교정을 해야 할 수도 있습니다. 간혹 식욕에 문제가 생기는 경우도 있는데 스트레스로 인해 일시적으로 생긴 변화라면 문제가 없
지만, 특정 시간이나 특정 장소에서만 사료를 먹거나 전혀 먹지 않는 것은 정상이 아니니 이런 경우 가능한 한 빨리 수의사의 도움을 받는 것이 좋습니다.

## •• 집에 다른 반려견이 없다면 ••

　강아지를 바닥에 내려놓고 천천히 집 안 전체를 둘러볼 수 있게 해줍니다. 이렇게 둘러보는 것만으로도 불안감이 크게 줄어듭니다. 이때 조금이라도 위험해 보이는 물건이 있다면 미리 모두 치워두어야 합니다. 강아지들은 호기심이 매우 많아 궁금한 것은 무엇이든 입에 넣으려고 하기 때문입니다. 강아지가 집 안을 충분히 둘러보았다면 조용한 곳에 잠자리를 만들어 줍니다. 강아지는 보통 지붕이 있으면서 몸이 들어갈 수 있을 정도의 좁은 공간을 선호합니다. 이동장이 이런 효과를 줄 수 있으므로 잠자리용 방석을 새로 구매하지 않고 가지고 있던 이동장을 활용해도 좋습니다. 하지만 강아지가 이동장에 들어가기 싫어한다면 억지로 밀어 넣으려 하지 말고, 충분히 놀아준 다음 피곤해진 강아지를 간식으로 유인해 이동장에서 쉬게 하면 됩니다. 이렇게 점점 익숙하게 만들면 어느새 이동장을 편안한 휴식처로 인식하게 될 것입니다.

　처음 반려견을 데려오면 이것저것 가르칠 게 많습니다. 하지만 교육보다 중요한 것은 신뢰 관계를 쌓는 것입니다. 함께 있을 때 즐겁고 행복하게 만드는 것이 우선입니다. 지금 반려견에게 필요한 것이 무엇인지 생각하고 채워주면서 신뢰 관계를 쌓는다면 이후 이어질 교육도 더욱 쉽게 할 수 있습니다.

 **Sunny's story**

### 써니를 처음 만난 날

써니는 교육 실습을 목적으로 데려온 강아지였습니다. 강아지의 예절 교육과 사회화 과정을 이론으로만 배우는 것이 아니라 실제로 강아지에게 적용하고 그 과정과 결과를 공유하는 것이 목적이었습니다.

처음 만난 써니는 작고 꾀죄죄한 시골 강아지였습니다. 가족과 떨어져 먼 거리를 이동장 안에 갇혀 오느라 지치고 주눅 든 모습이었죠. 멀미를 했는지 입가에 구토물이 조금 묻어 있기도 했습니다. 병원에 늦게 도착하는 바람에 목욕시키기가 여의치 않아 물티슈로만 가볍게 닦아주고 물과 밥을 주니 그건 또 잘 먹더군요. 다행이라 생각하고 병원에 둔 채 집으로 왔었는데 나중에 생각하니 미안했습니다. 낯선 곳에서 혼자 얼마나 무서웠을까요? 집에 데려와서 같이 있어주면 좋았을 텐데 말입니다.

## 02
# 적응기에 할 수 있는 교육

### 🐾 화장실 교육

반려견을 키우는 보호자들의 가장 큰 고민은 바로 화장실 교육입니다. 같은 집에서 함께 살기 위해서는 화장실 사용법을 반드시 가르쳐야 합니다. 이때 무조건 혼만 낸다면 오히려 가르치기가 더 어려워지니 강아지의 습성을 이용해 교육하는 것이 좋습니다.

→ **좋아하지 않는 장소** : 잠자리, 식사 장소
→ **좋아하는 장소** : 풀이나 흙이 있는 곳, 흡수성이 좋은 곳, 오줌 냄새가 나는 곳

태어난 지 얼마 안 된 강아지는 엄마가 핥아줘야만 대소변을 볼 수 있습니다. 하지만 3주령이 되면 자는 곳에서 떨어진 장소에 스스로 볼일을 보기 시작하고, 5주령이 되면 볼일을 보는 곳이 일정해지기 시작합니다. 그리고 9주령이 되면 특정 장소에서만 볼일을 보게 됩니다. 대부분의 입양 시기가 8주령 전후인 것을 생각하면 화장실 교육은 **빠르면 빠를수록** 성공할 확률이 높아집니다.

처음 입양되어 낯선 곳에서 화장실 교육을 할 때는 울타리를 사용하는 것도 좋은 방법입니다. 잠자리와 식사 장소는 같은 공간에 두고 화장실만 따로 분리해 주면 좁은 공간에서 본인만의 영역을 만들어가며 안정감을 얻게 됩니다. 잠자리는 방석 대신 이동장을 놓아도 좋습니다.

## •• 화장실 교육법 ••

화장실 교육의 핵심은 '실패하지 않게 만들기, 칭찬하기, 야단치지 않기'입니다. 실패하지 않도록 다양한 방법을 사용하고, 성공했을 때는 충분히 칭찬해 주고, 실수했을 때는 야단치지 말고 주눅 들지 않게 해주는 것이 중요합니다.

화장실 교육을 할 때는 먼저 강아지가 화장실 외의 다른 곳에 대소변을 보지 않도록 주변 환경을 만들어주는 게 좋습니다. 잠자리와는 떨어져 있지만 그렇다고 너무 멀지는 않은 곳에 감촉이 좋은 패드를 여러 장 넓게 깔아두고 소변을 살짝 묻혀 놓습니다. 강아지는 주로 자고 일어난 후 30분 이내, 밥 또는 물을 먹고 난 후 30분 이내, 놀이를 한 후에 대소변을 보려고 하는 경향이 있습니다. 이때를 놓치지 말고 패드 위에서 대소변을 보도록 유도하고 성공하면 즉시 간식으로 보상해 줍니다.

강아지는 대소변을 보기 전에 냄새를 맡거나 제자리를 빙글빙글 돌기도 합니다. 이런 행동을 보이면 바로 패드로 데려갑니다. 강아지가 대소변을 보는 동안 '쉬~' 등의 구호를 붙이면 자연스럽게 대소변을 보는 행위와 쉬~ 소리에 연결점이 생깁니다. 여러 번 반복해서 연결이 되면 보호자가 쉬~ 소리를 내는 것만으로도 대소변을 보도록 유도할 수 있습니다.

강아지가 실수 없이 화장실에 대소변을 보았다면 반드시 칭찬하면서 동시에 간식을 주도록 합니다. 칭찬은 행동을 유도할 정도의 힘은 없기 때문에 처음에는 칭찬과 간식을 함께 사용해 긍정적인 이미지를 만들어야 합니다. 칭찬과 간식이 계속해서 함께 제공되면 이후부터는 칭찬만으로도 긍정적인 효과를 얻을 수 있습니다. 이때 주의해야 하는 점은 간식은 대소변을 본 후 즉시 주어야 효과가 있다는 것입니다. 즉 '내가 여기에 대소변을 봐서 간식을 먹는구나. 앞으로도 여기에다 해야지.'라는 인식을 주려면 2초 이내에 바로 보상해 주어야 합니다. 이후 강아지가 패드에 대소변을 보는 게 익숙해지면 점차 패드의 넓이를 줄여 나가면 됩니다.

## •• 화장실 교육의 실패 사례 ••

### ▶ 실수했을 때 혼내기

강아지가 카펫이나 매트 등 화장실이 아닌 곳에 실수하면 그 장소로 데려가 냄새 맡게 하면서 혼내는 경우가 많습니다. 이런 경우 강아지는 '내가 잘못된 장소에 실수해서 혼나는구나.'라고 생각하지 않습니다. 그냥 대소변을 본
것 때문에 혼났다고 생각합니다. 그러면 어떻게 될까요? 강아지는 좀 더 구석으로 들어가 눈에 띄지 않게 대소변을 보거나 아예 참기도 합니다. 이렇게 되면 화장실 교육은 더욱 어려워집니다. 따라서 실수한 것을 발견하면 조용히 치우고 같은 장소에서 또 대소변을 보지 않도록 냄새를 완전히 지우는 것이 좋습니다.

▶ 화장실이 너무 멀 때

강아지는 아직 자기 조절 능력이 발달하지 않은 상태입니다. 따라서 화장실이 너무 멀면 화장실로 가는 도중에 참지 못하고 실수를 할 수 있습니다. 이런 경우 한두 군데에 화장실을 더 만들어 주면 됩니다. 이후 점차 성장함에 따라 화장실의 개수를 줄여 한 곳으로 몰아줍니다.

▶ 강아지가 너무 오래 혼자 있는 경우

보호자가 너무 바빠 화장실 교육을 시킬 만한 시간이 없으면 강아지도 배우지 못합니다. '알아서 하겠지'라는 생각으로 울타리 안에 화장실을 만들어 두는 것은 좋은 방법이 아닙니다. 최소한 입양 후 한 달 정도는 시간을 빼서 신뢰 관계를 쌓고 교육해야 합니다. 이 한 달이 평생의 관계를 좌우할 수 있습니다. 간혹 평소에는 화장실을 잘 가리는데 보호자가 없을 때 실수를 한다면, 이것은 강아지가 혼자 있는 시간이 많아 스트레스로 인해 보이는 이상 행동이라고 볼 수도 있습니다.

▶ 자주 실수하는 장소에 대한 관리

계속 교육을 시키는데도 유난히 한 장소에서 자주 실수를 하는 경우가 있습니다. 이는 강아지가 볼일을 보는 장소로 그곳이 마음에 들었기 때문입니다. 이럴 때 보호자는 선택을 해야 합니다.

→ **화장실로 쓸 수 있는 장소라면** : 그곳으로 화장실을 옮깁니다.

→ **화장실로 쓸 수 없는 장소라면** : 냄새를 확실하게 제거하거나 다른 물건들을 두어 쉽게 접근하지 못하게 해야 합니다.

▶ 화장실로 착각하기 쉬운 소재가 많을 때

융단이나 이불, 소파, 바닥에 둔 수건이나 옷, 현관·주방·화장실 매트 등은 강아지가 화장실로 착각하기 쉬운 소재이므로 화장실 교육이 끝날 때까지 치워두는 것이 좋습니다. 이 중 소파는 치우기 어려우므로 화장실 교육이 끝나기 전까지는 소파 위에 강아지를 올려 두지 않습니다.

▶ 잘못된 화장실 위치

화장실은 잠자리나 식사 자리와 떨어져 있으면서 프라이버시를 보호할 수 있는 공간이어야 합니다. 현관문 옆과 같이 오픈된 장소나 사람들이 너무 자주 다니는 곳은 화장실로 적절하지 않습니다. 보호자가 관리하기 편한 장소가 아닌 방구석이나 베란다 구석 등 강아지가 마음 편히 볼일을 볼 수 있는 장소를 선택하도록 합니다.

▶ 흥분성 배뇨

어린 강아지의 경우 너무 좋거나 무서울 때 소변을 지리는 경우가 종종 있습니다. 아직 조절 능력이 부족하여 나타나는 증상이므로 성견이 되면 자연스럽게 좋아집니다. 그러니 혼을 내기보다는 자라는 과정 중 일부라고 생각하고 받아들이는 편이 좋습니다.

 **Sunny's story**

### 써니의 화장실 교육

집에서 키우는 반려견에게 화장실 교육은 아주 중요합니다. 저희 집도 예외는 아니었습니다. 배운 대로 밥과 물이 있는 장소와는 조금 떨어진 곳에 소변 패드를 여러 장 넓게 깔고 밥을 먹고 나면 바로 데려갔습니다. 써니가 처음에는 어리둥절해 하며 자꾸 패드 밖으로 나오려고 해서 다시 안아서 데려가길 여러 번 반복했습니다. 이 과정이 오래 걸릴 거라고 예상했지만 두세 번 만에 패드 위에서 소변을 보더군요. 저는 호들갑스럽게 칭찬하면서 간식을 주었습니다. 써니는 왜 칭찬받는지 모르겠다는 표정을 지었지만 기분이 좋은지 꼬리를 한껏 위로 올렸습니다.

매번 식사 후에 이 과정을 반복했고, 학습의 효과가 있었는지 어느 순간부터는 밥을 먹고 나면 자연스럽게 소변을 보러 가더군요. 패드에 볼일을 보는 게 익숙해졌을 때쯤 패드를 조금씩 줄여나갔습니다. 그런 다음부터는 소변에 구호를 붙이기 시작했습니다. 소변을 보기 시작하면 '쉬~'라고 말하고 다 보고 나면 칭찬한 후에 간식을 주었습니다. 몇 번 반복하고 나서 구호가 익숙해졌을 무렵 한참 놀아준 뒤에 패드로 데려가서 '쉬~'라고 말하니 알겠다는 듯 소변을 보네요. 너무 기뻐 엄청 칭찬한 후에 간식을 평소보다 몇 개 더 주었습니다.

써니는 이제 밥을 먹고 나면 자연스럽게 소변과 대변을 봅니다. 더러 식사 후에 하지 않으면 자러 가기 전에 '쉬~'라고 소리 내며 화장실로 가도록 유도합니다. 그럼 소변을 보고 간식을 먹은 후 잠을 자러 갑니다. 저는 지금도 써니가 소변이나 대변을 보고 나면 간식을 한두 개씩 주고 있습니다. 이렇게 하니 꼭 제가 있을 때 볼일을 보려고 하더군요. 그런 모습이 귀여워 옆에서 지켜보곤 합니다. 그러다 보니 혹시나 패드 밖으로 소변이 흘렀을 때 바로 치울 수 있어서 좋습니다.

## 🐾 이동장(크레이트) 교육

이동장 교육은 강아지를 가둬두기 위해서가 아니라 편안한 안식처를 만들어 주기 위한 교육입니다. 이동장을 선택할 때는 단단한 플라스틱 제품을 선택하고 문은 자유롭게 탈착할 수 있는 구조가 좋습니다. 이동장이 단단하지 않으면 이동할 때 바닥이 안정적이지 않아 강아지가 불안을 느낄 수 있으며, 문은 평상시에는 떼어두어 잠자리로 활용하다가 이동해야 하는 일이 생길 때에 부착하여 사용합니다.

### •• 이동장 교육법 ••

① **이동장에 익숙하게 하기**

이동장의 문을 열고 방석을 깔아둔 뒤, 이동장 안에서 먹을 수 있도록 간식을 넣어둡니다. 이때 이동장은 거실의 소파와 같이 사람들이 휴식을 취하는 장소 옆에 두는 것이 좋습니다. 교육법의 첫 단추는 강아지가 이동장을 즐거운 안식처로 느끼게 하는 것이 핵심입니다.

② **이동장에 대한 긍정적 경험 주기**

강아지를 간식으로 유혹해서 이동장 안에 들어가도록 유도한 후 이동장 안에 얌전히 앉으면 간식을 줍니다. 같은 방법을 여러 번 반복해서 이동장 안에서는 좋은 일(간식)이 생긴다는 인식을 줍니다.

③ **이동장 문 닫는 연습하기**

강아지가 간식을 먹는 사이에 이동장 문을 닫습니다. 그다음 닫혀 있는 문틈으로 간식을 주며 문이 닫혀 있어도 괜찮다는 인식을 줍니다. 이때 만약 강아지가 불안해하며 나오려고 한다면 바로 문을 열어줍니다. 갇혀 있는 느낌이 들지 않도록 하는 것이 중요합니다. 강아지가 안정적인 상태가 된다면 간식을 드문드문 주어 이동장 안에 있는 시간을 늘립니다.

④ **칭찬하기**

이동장 문을 열고 나오라고 한 다음, 강아지가 나와서 앉으면 칭찬을 하며 간식을 줍니다.

이동장은 강아지의 작은 방이므로 가장 편안하고 안전하게 만들어 주는 것이 중요합니다. 혹시 강아지가 잘못한 뒤 이동장으로 들어가 숨었다면 나올 때까지 기다려야 합니다. 억지로 끌어내는 순간 이동장은 더 이상 안전한 공간이 아니게 되기 때문입니다. 이동장 교육이 잘 이루어지면 어디로 여행을 가든 반려견만의 작은 집이 함께 가게 되어 불안감을 줄이고 편안함을 줄 수 있습니다.

# 03
# 적응기에 자주 보이는 질환 및 대처법

## 🐾 소화기 질환

처음에는 밥도 잘 먹고 변도 단단하게 잘 보던 강아지가 갑자기 밥을 안 먹거나, 토하고 설사를 하는 등의 증상을 보이는 경우가 있습니다. 이런 경우에는 가장 먼저 스트레스를 의심해 볼 수 있습니다. 강아지도 환경이 바뀌면 당연히 스트레스를 받게 됩니다. 그런 스트레스가 면역력을 감소시켜 내재되어 있던 질병을 나타나게 할 수 있습니다.

### •• 단순한 식이성 또는 스트레스성 질환 ••

사료가 바뀌거나 새로운 환경에 적응하면서 오는 스트레스 때문에 일시적으로 변이 물러질 수 있습니다. 이런 경우는 사료를 불린 뒤 조금씩 나누어 주고 유산균을 급여하는 것만으로도 충분히 좋아질 수 있습니다. 만약 이렇게 해도 나아지지 않는다면 병원에 가서 검사를 받아보아야 합니다.

## •• 기생충성 질환 ••

어린 강아지의 경우 생활 환경에 따라 장내 기생충에 감염될 수 있습니다. 보통 기생충에 감염되었을 경우 식욕은 좋지만 변이 물러지는 경우가 많고 간혹 구토를 보이기도 합니다. 분변 직접 검사와 감별 키트를 통해 짧은 시간에 빠르게 검사할 수 있으며 원인에 따라 구충제를 통해 치료합니다. 비교적 치료 예후가 좋은 편입니다.

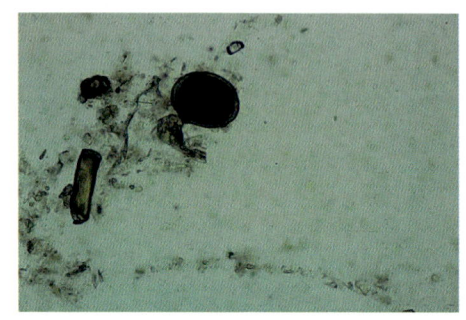

▲ 개 회충의 충란

## •• 바이러스성 질환 ••

파보 바이러스 또는 코로나 바이러스에 의한 감염이 대부분입니다. 예전에는 해당 바이러스로 인한 질환이 많았지만, 현재는 백신 등의 영향으로 많이 감소되었습니다. 파보 바이러스에 감염된 강아지는 심한 구토와 함께 식욕 부진과 혈변 등의 증상을 보입니다. 집중적인 치료를 하더라도 치사율이 높은 질환이기 때문에 어린 강아지가 식욕이 줄고 구토나 설사 등의 증상을 보인다면 반드시 병원에 방문하여 검사를 받아보는 것이 좋습니다. 키트 검사는 정확도가 높고 검사 시간도 짧아 바로 감염 여부를 확인할 수 있습니다.

## 🐾 호흡기 질환

기침, 콧물, 눈곱 등의 증상을 보이며 열이 나거나 활동량이 줄고 식욕도 감소할 수 있습니다. 어린 강아지는 체온 조절 능력이 부족하기 때문에 여름에는 선풍기나 에어컨에 의한 호흡기 질환이 많고 겨울에는 안과 밖의 온도 차 때문에 발생하는 호흡기 질환이 많습니다. 어린 강아지를 데려오는 경우 집이 너무 춥거나 덥지 않도록 적정 온도를 유지하는 것이 좋습니다.

### •• 단순 호흡기 질환 ••

단순한 호흡기 질환은 감기처럼 치료하지 않아도 시간이 지나면 저절로 나아집니다. 하지만 증상이 점점 심해지면서 노란 콧물이 나거나, 연두색 눈곱이 끼는 등의 염증성 증상을 보이면 바로 병원에 방문해야 합니다.

### •• 홍역 ••

강아지 홍역은 초반에는 감기와 유사한 증상을 보입니다. 하지만 병이 진행되어 증상이 심해지면 발작이나 마비와 같은 신경계 증상을 보일 수 있고 더욱 심할 경우 회복하지 못할 수도 있습니다. 파보 바이러스와 마찬가지로 백신 개발로 인해 이전보다는 보기 어려운 질환이 되었지만, 호흡기 증상이 나아지지 않고 지속된다면 키트 검사를 통해 확인해 보는 것이 좋습니다.

## 🐾 피부 질환

가끔 분양받은 강아지 중에 유난히 작고 말랐으며 털이 푸석한 아이들이 있습니다. 그중에는 피부에 붉은 반점이 있기도 합니다. 특별한 병이 없더라도 지나치게 적게 먹여 영양이 부족하면 털도 푸석해지지만 피부 면역력도 감소해 쉽게 염증이 생길 수 있습니다. 이런 경우 충분한 영양 급여만으로도 바로 좋아질 수 있습니다.

## ✦✦ 곰팡이 피부 질환 ✦✦

피부 사상균이라는 곰팡이에 의한 질병입니다. 일반적으로 동그랗게 털이 빠지고 빨갛게 부어오르는 경우가 많습니다. 동그란 모양 때문에 '도장병'으로 불리기도 하며 인수 공통 질병으로 사람에게 전염될 수 있습니다. 사람에게 전염되면 역시 동그랗게 발적이 생기고 심한 가려움증을 유발합니다.

▲ 곰팡이 배양 검사
피부 사상균이 있으면 1~2주 후에 배지의 색이 붉은색으로 변합니다.

이런 형태의 피부 증상을 보이면 즉시 병원에 방문하여 배양 검사를 받도록 합니다. 만약 곰팡이 피부 질환이 의심될 경우 가족 중에 면역력이 낮거나 피부가 약한 사람이 있다면 강아지를 격리하고 나을 때까지 접촉하지 않도록 합니다.

## 🐾 외부 기생충성 질환

피부에 자생하는 기생충은 흔하지 않습니다. 오히려 여름에 산이나 풀숲으로 산책갔다가 벼룩이나 진드기가 붙어오는 경우가 훨씬 많습니다. 단, 귀에 사는 귀 진드기는 가끔 볼 수 있습니다. 주변에 귀 진드기에 감염된 강아지가 있다면 쉽게 옮을 수 있기 때문입니다. 보통의 강아지 귀는 귀지가 없이 깨끗해야 합니다. 하지만 귀를 자주 긁거나 털고, 초콜릿색이나 갈색의 귀지가 보인다면 귀 진드기에 감염되었을 가능성이 있으니 병원에 방문하여 확인하는 것이 좋습니다.

Chapter 2

# 기본 교육 시기
### - 8주 ~ 16주 사이 -

01. 예방접종하기
02. 8주~16주에 해야 하는 교육
03. 강아지 사회화
04. 사람과 소통하는 법
05. 기본예절 교육
06. 기본 교육 시기에 자주 보이는 질환 및 대처법

#  예방접종하기

적응기를 별 탈 없이 잘 지냈다면 이제 예방접종을 해야 합니다. 예방접종의 필요성은 아무리 강조해도 부족하지 않습니다. 제가 처음 수의사로 첫발을 내디뎠던 2002년에는 파보 바이러스 장염과 홍역에 걸려 죽는 강아지들이 많았습니다. 두 질병 모두 치료를 한다고 해도 100% 완치를 보장할 수 없고 비용도 많이 들기 때문에 치료를 포기하는 보호자도 많았습니다. 입양한 지 한 달도 안 된 강아지를 위해 적게는 수십만 원에서 많게는 수백만 원의 돈을 쓸 수 있는 보호자는 많지 않았기 때문입니다. 또한 돈을 들여 치료해도 회복하지 못하는 강아지가 절반이 넘었습니다. 하지만 지금은 파보 바이러스 장염과 홍역은 보기 어려운 질병이 되었습니다. 왜 그럴까요? 모두 열심히 예방접종을 한 결과 집단 면역을 형성했기 때문입니다. 예방접종은 우리 아이를 살리기도 하지만 다른 아이를 살리는 방법이기도 합니다.

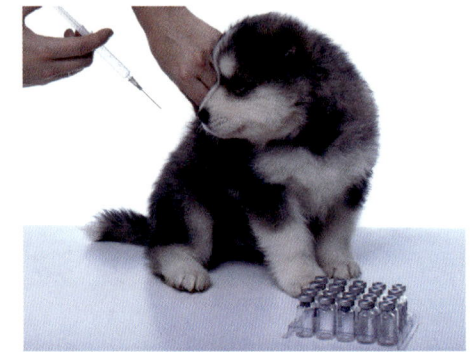

## 🐾 예방접종 스케줄

|  | 1차 | 2차 | 3차 | 4차 | 5차 | 6차 |
|---|---|---|---|---|---|---|
| DHPP(L) : 혼합백신 | ● | ● | ● | ● | ● | |
| Corona : 코로나 장염 | ● | ● | | | | |
| Kennel Cough : 전염성 기관지염 | | | ● | ● | | |
| Canine Influenza : 개 인플루엔자 | | | | | ● | ● |
| Rabies : 광견병 | | | | | | ● |

※ 예방접종 스케줄은 병원마다 다를 수 있습니다.

강아지들은 6주~8주령 사이에 1차 접종을 시작으로 2주~3주 간격으로 예방접종을 하며, 보통 한 번에 두 가지 접종을 병행합니다. 혼합백신은 D(홍역), H(간염), P(파보 바이러스 장염), P(파라인플루엔자) 등이 혼합되어 있는 백신으로 최근에는 과민 반응 발생 빈도가 높은 L(렙토스피라)을 제외한 4종 혼합백신을 주로 사용합니다. 혼합백신을 5차까지 접종한 후에는 반드시 항체 검사를 통해 충분한 면역력이 생겼는지 확인해야 하며, 항체 형성이 부족할 경우 추가 접종이 필요할 수 있습니다.

## 🐾 심장사상충 예방

심장사상충이란 모기로부터 전염되어 심장에 기생하는 기생충을 말합니다. 심장사상충에 감염되면 처음에는 증상이 없다가 시간이 지나 점차 개체 수가 늘어나면서 기침, 피로감, 빈혈, 복수, 호흡 곤란, 식욕 부진, 혈뇨 등의 증상을 보입니다. 한 달에 한 번 예방약을 먹이거나 바르는 것으로 감염을 막을 수 있으며, 매달 예방하는 것이 힘든 경우 1년 동안 효과가 지속되는 주사제를 사용하기도 합니다. 심장사상충은 치료가 불가능한 것은 아니지만 비용이 많이 들고 치료 과정 중에 폐사하거나 치료가 되더라도 후유증이 생길 수 있기 때문에 예방하는 것이 더욱 중요합니다.

# 8주~16주에 해야 하는 교육

8주~16주는 개의 전 생애를 통틀어 가장 중요한 시기입니다. 다양한 것을 접하는 **사회화 교육부터 사람과 소통하는 방법과 기본적인 예절 교육**까지 모두 이 시기에 배우게 됩니다. 강아지에게 교육은 즐거워야 합니다. 강압적인 교육은 효과도 없을뿐더러 보호자와의 신뢰 관계마저 깨뜨릴 수 있으므로 지양하도록 합니다. 올바른 방식으로 가르치다 보면 기대와 신뢰에 차서 한 치의 흔들림도 없이 자신을 바라보고 있는 강아지의 똘망똘망한 눈망울을 볼 수 있을 것입니다.

## 🐾 교육의 원칙

▶ **교육은 즐거워야 합니다.**

교육 시간은 한 번에 10분 이내로 짧게 하되, 강아지가 지루해한다면 바로 그만둡니다. 그만둘 때는 교육 중에 가장 잘했던 것을 시키고 성공하면 간식을 주며 칭찬하는 것으로 마무리합니다. 이렇게 교육의 마무리를 지어야 다음 교육도 즐겁게 할 수 있습니다.

▶ **체벌은 교육에 전혀 도움이 되지 않습니다.**

체벌은 물리적인 폭력 외에도 노려보기나 큰소리로 나무라는 행동도 포함됩니다. 체벌을 통해 강압적으로 교육하면 당장은 겁이 나서 시키는 대로 하겠지만, 결과적으로는 보호자를 무서워하게 되어 관계 형성이 어려워집니다. 또한 체벌은 오히려 이상한 행동을 하게 만들기도 합니다. 강아지는 정확히 어떤 이유로 혼났는지 알지 못하므로 보호자의 예상과 다른 행동을 하는 경우가 많습니다.

▶ **잘한 행동에는 충분히 칭찬합니다.**

강아지가 보호자가 원하는 행동을 했다면 즉시 간식으로 보상해 줍니다. 원치 않는 행동을 했을 때 못 하게 하며 체벌하는 것보다 원하는 행동을 했을 때 칭찬하며 보상해 주는 것이 훨씬 수월하게 교육하는 방법입니다. 칭찬은 고래도 춤추게 한다는 사실을 항상 염두에 두어야 합니다.

▶ **원치 않는 행동을 할 때는 '안 돼!', '쑵' 등의 일관된 표현을 사용합니다.**

'안 돼!'라고 말할 땐 낮은 목소리로 단호하게 해야 합니다. '이러면 안 돼에~ 하지 말라고 했잖아~' 등등 문장이 길고 애걸하듯이 이야기하면 안 됩니다. 안 되는 것에 대해서는 짧고 단호한 어조로 해야 함을 잊지 말아야 합니다.

▶ **이름을 부른 후 혼내지 않습니다.**

이름을 부른 뒤에 혼을 내게 되면 이름 부르는 것에 대해 안 좋은 기억을 가질 수 있습니다. 밥을 먹거나, 산책가거나, 놀이할 때 등 좋을 것을 할 때 이름을 불러야 이름 불리는 것을 좋아하게 됩니다.

## 🐾 기본 교육의 종류

보통 보호자들은 강아지를 입양하면 안아주기 바쁩니다. 귀엽고 사랑스러운 강아지를 어떻게 대하고 만져야 하는지 모르니 일단 안고 보는 거죠. 앞발 아래에 손을 끼워 두 손으로 높이 들어 올리거나, 품에 폭 안고 놔주려 하지 않는 경우도 많습니다. 하지만 그거 알고 계신가요? 강아지들은 이런 행동을 좋아하지 않습니다. 작은 강아지가 보호자의 손에 의해 높이 들어 올려지면 무섭고 경직될 수밖에 없습니다. 안겨 있을 때는 답답해서 나가려 하지만 보호자는 더욱 꽉 끌어안죠. 이런 행동이 반복되면 보호자가 애정 표현을 하려 할 때마다 불편한 마음에 도망칠 것입니다.

지금부터 올바른 방법으로 강아지 만지는 방법을 알려드리겠습니다. 방법만 정확히 숙지한다면 보호자도 강아지도 만족스러운 경험을 할 수 있습니다. 하나씩 천천히 연습하여 강아지가 보호자의 쓰다듬는 손길에 익숙해지면 보호자는 강아지의 몸의 이상도 금방 알아차릴 수 있게 됩니다.

### •• 강아지와 함께 연습해야 하는 행동 ••

▶ **쓰다듬기 : 등**

강아지가 엎드려 있는 상태에서 머리부터 꼬리 끝까지 천천히 쓰다듬어 줍니다. 손에 약간 힘을 실어 부드럽게 쓰다듬되, 꼬리 부분은 좀 더 신경 써서 쓰다듬습니다.

→ **주기** : 매일 여러 번 해줍니다.

→ **병원 방문** : 덩어리나 혹, 딱지가 만져지거나 털이 거칠어졌을 때, 또는 쓰다듬었을 때 이전과 다른 행동 변화가 있다면 병원에 방문해야 합니다.

### ▶ 쓰다듬기 : 가슴과 배

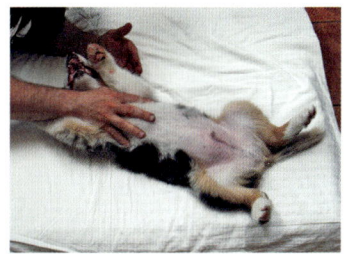

강아지가 스스로 엎드릴 때까지 머리부터 꼬리까지 천천히 쓰다듬으며 진정시킵니다. 그다음 몸의 옆쪽을 천천히 쓰다듬어 긴장을 풀어준 뒤 등을 대고 눕게 합니다. 배를 보이며 누운 강아지의 가슴부터 배까지 부드럽게 쓰다듬어 줍니다.

→ **주기** : 어린 강아지라면 하루에 한 번, 성견이라면 일주일에 한 번씩 해줍니다.

→ **병원 방문** : 쓰다듬을 때 소리를 지르거나 덩어리나 혹 등 감촉의 변화가 느껴질 때, 상처/발진이 생기고 젖꼭지 부근이 부어오르거나 단단해졌다고 느껴질 때, 좋지 않은 냄새가 날 때는 병원에 방문해야 합니다.

### ▶ 쓰다듬기 : 다리

강아지를 무릎에 눕혀 천천히 쓰다듬으며 긴장을 풀어준 뒤 옆구리나 배에서부터 시작해 각각의 다리를 발끝까지 쓰다듬어 줍니다. 다리를 만져주면서 다리와 발가락을 부드럽게 구부렸다 폈다 하고, 발톱도 유심히 살펴봅니다.

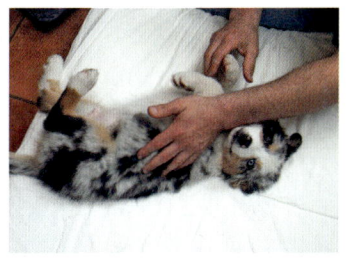

→ **주기** : 어린 강아지라면 하루에 한 번, 성견이라면 일주일에 한 번씩 해줍니다.

→ **병원 방문** : 다리나 발바닥을 만졌을 때 소리를 지르거나 발을 뺀다면 발바닥 패드가 부었거나 상처가 생겼을 수 있습니다. 또한 발톱이 부러졌거나 분비물이 있고, 패드가 갈라져 있거나 출혈 또는 악취가 있다면 병원에 방문해야 합니다.

### ▶ 얼굴 만지기 : 눈

강아지의 얼굴 전체를 양손으로 부드럽게 만지다가 눈을 바라보면서 눈가를 살짝 닦아줍니다.

→ **주기** : 어린 강아지라면 하루에 한 번, 성견이라면 일주일에 한 번씩 해줍니다.

→ **병원 방문** : 얼굴에 손을 대지 못하게 하거나 눈가를 닦을 때 고개를 돌리며 소리를 지르는 경우, 눈에서 눈물 또는 끈적한 점액이 나오거나 좋지 않은 냄새가 나고, 눈이 부어오르거나 충혈된 경우에는 병원에 방문해야 합니다.

### ▶ 얼굴 만지기 : 귀

강아지의 얼굴 전체를 양손으로 부드럽게 만지다가 양쪽 귀를 잡아 귓속을 들여다봅니다.

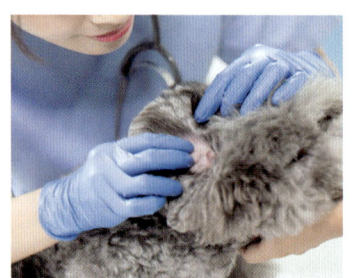

→ **주기** : 어린 강아지라면 하루에 한 번, 성견이라면 일주일에 한 번씩 해줍니다.

→ **병원 방문** : 보호자의 손이 닿기 전에 피하거나 소리를 지르는 경우, 귓속이 부어 있거나 분비물이 있고 나쁜 냄새가 나는 경우에는 병원에 방문해야 합니다. 정상적인 귀는 분홍색을 띠며 냄새가 나지 않고 깨끗합니다.

▶ 양치하기

동물용 치약을 부드러운 동물용 칫솔이나 손가락 칫솔 또는 거즈에 묻혀 이빨과 잇몸을 깨끗하게 닦아 줍니다.

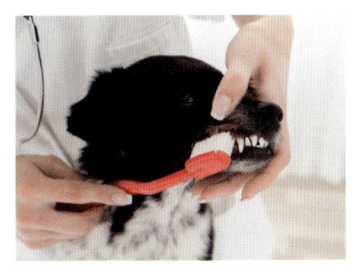

→ **주기** : 매일 하는 것이 좋지만, 최소한 일주일에 한 번씩은 해줍니다.

→ **병원 방문** : 입을 벌리지 않거나 건드리지 못하게 하고 잇몸에서 피가 나는 경우, 양치하려고 하면 물거나 으르렁거리고 악취가 나거나 염증성 분비물이 보이는 경우에는 병원에 방문해야 합니다.

▶ 항문 살피기

강아지를 무릎 위나 바닥에 잘 세워두고, 꼬리를 들어 올려 항문 주변을 잘 살펴봅니다. 별다른 이상이 없다면 꼬리를 내리고 엉덩이 주변을 두어 번 부드럽게 토닥여 줍니다.

→ **주기** : 어린 강아지라면 하루에 한 번, 성견이라면 일주일에 한 번씩 해줍니다.

→ **병원 방문** : 항문이 부어 있거나, 꼬리 주변에 손대는 것을 갑자기 싫어하거나, 꼬리를 어색하게 들고 있거나, 엉덩이 주변에 변이 들러붙어 있는 경우 병원에 방문해야 합니다.

### ▶ 발톱 깎기

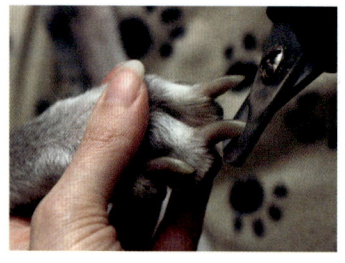

발을 만질 때 발톱도 함께 만지며 스킨십에 익숙하게 만듭니다. 그다음 발톱깎이를 사용해 발톱을 조금씩 깎거나 갈아줍니다. 생각보다 많은 강아지가 발톱 깎는 것을 무서워하니 어릴 때부터 발톱의 끝부분을 살짝씩 자르면서 발톱 깎기가 무섭지 않다는 것을 알려줘야 합니다. 강아지를 수건 위에 앉히고 발톱을 깎는 동안 간식을 먹게 하면 발톱을 깎는 일이 즐거운 일로 바뀔 것입니다.

→ **주기** : 어린 강아지라면 일주일에 여러 번, 성견이라면 일주일에 한 번씩 해줍니다.

→ **병원 방문** : 예전에는 발톱을 잘 깎았는데 지금은 못 하게 하는 경우가 있습니다. 발톱은 예민한 부위이기 때문에 현재 통증이 있을 수도 있고, 이전에 아팠던 경험이 있다면 그런 기억 때문에 피할 수도 있습니다. 어떤 문제인지 구분하기 위해 병원에 방문하는 것이 좋습니다.

### ▶ 알약 먹이기

약 먹는 것에 익숙해지도록 연습하는 것은 강아지가 아플 때를 대비해 꼭 필요한 일입니다. 가짜 알약에 소량의 크림치즈나 땅콩버터를 묻혀서 만든 '가짜 약'을 먹여 '약은 맛있는 것'이라는 경험을 시켜주면 추후 약을 먹여야 할 때 수월하게 먹일 수 있습니다.

또한 약을 감싸 바로 목구멍에 넣어 먹일 수 있도록 나온 제품(필포켓)을 사용하는 것도 좋습니다.

→ **주기** : 복용 수칙에 따라

→ **참고** : 강아지가 좋아하는 음식을 사용해 만든 가짜 약을 통해 미리 연습하면 진짜 약을 먹여야 할 때 의심 없이 약을 삼키도록 할 수 있습니다. 가짜 약은 씹지 않고 바로 삼킬 수 있는 크기와 모양이 가장 좋습니다.

이런 행동을 미리 연습해야 하는 이유는 해당 행위들이 '일상적인 행동'이라는 인식을 만들어 주기 위함입니다. 몸을 만지는 것도 귀를 보는 것도 발톱을 깎는 것도 그저 일상이라면 두려워하지 않게 됩니다. 또한 보호자가 강아지를 꾸준히 살펴볼 수 있기 때문에 문제가 생겼을 때 더 빨리 알아챌 수 있고 그만큼 더 빨리 치료받을 수 있게 됩니다.

출처 : Karen L Overall 〈Manual of Clinical Behavioral Medicine〉

# 03
# 강아지 사회화

## 🐾 사회화의 중요성

사회화를 한마디로 정의하자면 '세상 속 다양한 존재들과 더불어 살아가는 법을 배우는 과정'입니다. 세상은 혼자서 살아갈 수 없습니다. 강아지 역시 마찬가지입니다. 같은 강아지끼리, 또는 사람이나 또 다른 생명체와 함께 다양한 환경 속에서 살아가는 방법을 배워야 합니다. 일반적으로 사회화 시기라고 불리는 3주~12주 사이의 기간은 강아지의 성격 형성에 큰 영향을 미치게 됩니다. 이 시기에 어떤 경험을 하고 누구를 만나느냐가 강아지의 일생을 결정한다고 해도 과언이 아닙니다.

강아지에게도 사람처럼 저마다 성격이 있습니다. 성격은 유전적으로 가지고 태어난 성향과 생후 환경과 학습의 영향이 더해져서 만들어집니다. 유전적인 부분은 우리가 관여할 수 없지만, 환경이나 교육을 어떻게 하느냐에 따라 전혀 다른 성격의 강아지로 살아갈 수 있습니다. 사회화 교육을 할 때 꼭 명심해야 할 것이 있습니다.

모든 경험은 가능한 한 긍정적으로 받아들일 수 있게 할 것

강아지에게 세상은 막연한 곳일 수밖에 없습니다. 아직은 좋은지 나쁜지 모를 자극들이 대부분입니다. 이런 자극들을 기분 좋은 자극으로 만들어 주는 것이 사회화의 핵심입니다. 새로운 경험은 반드시 안전한 환경에서 강아지가 받아들일 수 있는 만큼만 주어야 합니다.

강아지 사회화에 가장 좋은 방법은 '산책'입니다. 산책을 통해 다른 사람, 다른 동물, 다른 세상을 경험하고 배울 수 있습니다. 산책의 시기가 딱히 정해져 있는 것은 아닙니다. 예전에는 전염병의 우려 때문에 예방접종이 모두 끝나고 나서 산책하기를 권했습니다. 하지만 사회화의 중요성이 대두되고 나서는 최소한의 접종이 이루어지고 나면 되도록 빠른 시일 내에 나가기를 권하고 있습니다. 태어나서 6주~8주쯤에 첫 접종을 하면 9주~10주면 산책을 나갈 수 있습니다. 저는 보호자들에게 2차 접종이 끝나고 1주 후부터는 산책을 시키는 것이 좋다고 말합니다. 감염의 위험성이 완전히 없는 것은 아니지만 그보다 사회화가 더 중요하기 때문입니다.

 Sunny's story

### 기분 좋은 자극을 통한 써니의 계단 극복하기

써니는 계단 오르내리기를 매우 무서워했습니다. 계단 맨 아래에서 도움을 바라며 쳐다보면 안아줄 수밖에 없었습니다. 하지만 산책을 하다 보면 의외로 계단이 많더군요. 그래서 계단에 대한 두려움을 극복해 보기로 했습니다. 필요한 것은 용기를 북돋아 줄 '간식'입니다.

맨 아래부터 한 계단에 하나씩 간식을 두었습니다. 처음에는 머뭇거리더군요. 하지만 간식을 하나 먹고 나니 다음 계단에 있는 간식도 먹으려고 애를 씁니다. 앞발을 계단에 걸치고 입을 가져가 보지만 약간 거리가 모자랍니다. 올라가기 위해 뒷다리를 휘적거리는가 싶더니 결국 계단을 밟고 올라가 먹습니다. 이후부터는 일사천리였습니다. 해보니 된다는 것을 아는 순간 거침없어집니다. 계단 꼭대기까지 올라왔을 때 간식을 여러 개 더 주고 듬뿍 칭찬도 해주었습니다. 써니도 저도 기분 좋은 순간이었습니다. 이후부터는 어려움 없이 계단을 오르내릴 수 있게 되었습니다.

▲ 써니가 극복한 계단

## 🐾 강아지의 성격 파악하기

본격적인 사회화 교육에 앞서 본인이 기르는 강아지가 어떤 성향인지 파악해야 합니다. 동일한 교육을 하더라도 강아지마다 다르게 받아들이며 그만큼 결과도 다를 수 있기 때문입니다. 사람이라면 무턱대고 다 좋아하는 강아지에게는 아무렇게나 사람을 소개해도 괜찮지만, 소심한 강아지에게는 새로운 사람과 마주하는 일이 아주 무서운 경험일 수 있습니다. 성향은 타고난 유전자의 영향으로 발현되지만, 여기에 환경과 교육이 더해지면서 진정한 성격이 형성됩니다. 쉽게 흥분한다면 흥분하지 않도록 자극의 강도를 조절해 주고, 예민한 성격이라면 신뢰를 잃지 않도록 노력해야 합니다. 소심하다면 조금 더 천천히 시간을 두고 다가가야 하며, 붙임성이 좋다면 더욱 잘 지낼 수 있게 북돋아 주면 됩니다. 각각의 성격을 파악하고 그에 맞는 속도와 자극을 조절해 교육에 반영하는 것이 중요합니다.

몇 가지 예를 들어보겠습니다. 보더콜리는 머리가 좋고 명랑하지만 에너지가 넘치고 매우 많은 활동량을 필요로 합니다. 이런 경우 집에서만 키운다면 충분히 운동을 하지 못해 스트레스가 쌓이게 되고 결국 문제 행동을 보이게 되는 경우가 많습니다. 타고난 성향이 좋더라도 환경적인 뒷받침이 되지 않으면 좋은 성격의 강아지로 키우기 어렵습니다. 시바견의 경우는 예민한 성격을 가지고 있으며 몸을 만지는 것을 좋아하지 않습니다. 유전적으로 늑대에 가깝기 때문에 경계성이 높아서 최대한 빠른 시기에 교육을 시작해야 합니다. 특히 어렸을 때 무는 행위에 대해 제대로 교육하지 못하면 이후 쉽게 공격성을 보입니다. 적어도 생후 4개월까지는 교육이 꾸준히 이루어져야 하며, 보호자 혼자서 교육하기 어렵다면 전문 훈련사의 도움을 받는 것도 좋은 방법입니다.

 **Sunny's story**

### 써니와 친해지기

써니는 소심한 성격의 강아지였습니다. 집에 와서도 늘 긴장하고 있었죠. 밥도 잘 먹고 놀아주면 잘 놀았지만, 어딘가 한편으로는 경계를 풀지 않았습니다. 흔히 강아지들은 천방지축인 경우가 많은데 써니는 그렇지도 않았습니다. 잠을 잘 때도 엎드려서 자고 작은 소리에도 금방 깼습니다. 어떻게 보면 붙임성 없어 보일 수도 있지만, 저는 조급하게 생각하지 않고 써니를 있는 그대로 인정하기로 했습니다.

그때부터 억지로 친해지기보다는 자연스럽게 가까워지기를 선택했습니다. 매일 산책을 가고, 산책을 나가지 못하면 집에서 그 시간만큼 같이 놀면서 써니가 '새로운 집'이 아니라 '우리집'이라고 생각하기를 기다렸습니다. 한 6개월쯤 지났을까요. 써니가 드디어 배를 드러내고 잠을 자기 시작했습니다. 알고 보니 써니는 배를 쓰다듬어 주는 걸 아주 좋아했습니다. 편하게 드러누워 배를 만져달라고 하는 써니를 보면 언제 소심하게 행동했나 싶습니다. 물론 써니는 지금도 붙임성이 있지는 않습니다.

제 딸아이가 그러더군요. *"아빠! 써니는 10년째 봐도 날 어색해하는 것 같아."* 제 가족들은 써니를 보고 강아지보다는 고양이 같다고 합니다. 외출했다 돌아오면 적당히 반기고, 졸리면 먼저 방에 들어가서 자고, 엄청 친한 척하진 않지만 꼭 사람 몸 어딘가에는 기대고 있는 그런 고양이 같은 강아지입니다. 어쩌면 조금 쌀쌀맞아 보일 수도 있지만 저는 그런 모습도 귀엽더군요.

강아지를 키우는 사람들은 모두 마음속으로 원하는 강아지의 모습이 있을 겁니다. 하지만 원하는 모습이 아니더라도 강아지들은 저마다의 개성이 있고 그 개성은 존중받아야 합니다. 개성을 존중받은 강아지는 각자의 개성으로 보호자를 사랑할 테니까요.

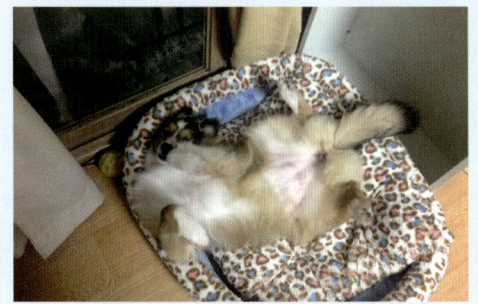
▲ 집이 편해진 써니

## 🐾 올바른 사회화 방법

### ▶ 새로운 사람을 만날 때

강아지가 스스로 먼저 다가올 때까지 기다립니다. 새로운 사람에게 미리 간식을 주고 강아지가 가까이 다가오면 간식을 주도록 부탁합니다(긍정적 경험). 다양한 연령대와 복장의 사람들에게 같은 경험을 하게 하면 좋습니다. 이때 주의할 점은 새로운 사람이 먼저 귀엽다면서 다가가거나 쓰다듬지 말아야 합니다. 붙임성 좋은 강아지라면 모르겠지만 대다수의 강아지는 갑작스러운 만남에 거부감을 보이고 심하면 공포심까지 느낄 수 있기 때문입니다.

▶ **다른 동물을 만날 때**

다른 동물이 강아지를 좋아하는지 확인합니다. 서로 만나 평화롭게 인사하면 보상(간식)을 주면 되지만 흥분하거나 심하게 짖는다면 다른 길로 돌아가 마주치지 않게 합니다. 멀리 떨어져 다른 동물을 구경하는 것도 좋습니다. 모든 강아지가 다른 동물과 놀고 싶어 하는 것은 아닙니다. 원하지 않는다면 억지로 인사시키지 않는 것이 부정적 영향을 줄이는 방법입니다.

▲ 다른 동물과 인사하기
서로의 엉덩이 냄새를 맡으며 인사합니다.

▶ **새로운 물건이나 환경을 접할 때**

자동차를 탈 때는 중간중간 간식을 주고 차에서 내려 산책을 하는 등 좋은 기억을 심어줍니다. 병원에 방문할 때는 병원 직원들이나 수의사 선생님에게 간식을 받아먹게 하고, 산책을 나가서는 아스팔트, 흙, 잔디 등 다양한 감촉을 느낄 수 있게 해줍니다. 즐거운 놀이가 동반되면 더욱 좋습니다. 소리에 예민한 강아지라면 시끄러운 소리가 날 때 작은 간식을 주면 소음에 대한 공포를 줄일 수 있습니다.

 **Sunny's story**

### 소심한 써니에게 산책 가르치기

써니는 겁이 많고 소심한 편입니다. 처음 산책을 나가려고 했을 때 써니가 문밖으로 나오는 걸 두려워했던 기억이 납니다. 가뜩이나 밖에 나가는 걸 싫어하는데 하네스까지 해야 하니 더더욱 무서웠을 것입니다. 이렇게 겁이 많았던 써니가 지금은 산책 나가자고 조르는 강아지가 되었습니다. 이렇게 바뀌게 된 배경에는 긍정적인 경험을 통해 사회화를 시켜주려는 노력이 숨어 있습니다.

강아지와 함께 산책하기 위해 가장 먼저 해야 하는 일은 바로 목줄이나 하네스와 친해지기입니다. 집밖을 나가는 것조차 두려운데 갑자기 몸을 조이는 줄을 매고 있으면 더더욱 움츠러들 수 있습니다. 따라서 산책 나가기 일주일 전부터 목줄이나 하네스를 미리 하고 있는 것이 좋습니다. 천천히 적응을 시키는 것이죠. 집에서 줄을 연결하고 거실을 몇 바퀴 도는 것도 좋습니다. 써니도 미리 하네스 연습을 하고 산책을 나갔습니다.

하네스를 하고 문밖을 나서는 것까지는 성공했으나 두려움에 차마 계단 아래로 발걸음을 떼지 못하는 써니에게 간식을 주며 할 수 있다는 용기를 불어넣어 주었습니다. 간식의 힘인지 계단 공포증을 극복한 써니와 함께 사람이나 차가 덜 다니는 길로 산책하며 몇 걸음에 하나씩 간식을 주었습니다. 나와 보니 생각보다 무섭지 않고 간식도 먹을 수 있다는 사실에 기분이 좋았던지 써니가 조금씩 꼬리를 들어 올리더군요. 처음에는 근처만 조금 돌고 들어왔지만, 조금씩 멀리 나가면서 산책에 적응시켰습니다. 신기한 냄새도 맡고 간식도 먹을 수 있으니 써니는 어느 틈에 산책 나가자고 조르는 강아지가 되었답니다.

▲ 산책해서 신난 써니

▲ 아빠와 눈 맞춤

# 04
# 사람과 소통하는 법

평생 함께 살아가야 하는 보호자와 반려견에게 가장 중요한 것을 꼽으라면 '소통'입니다. 당연한 말이지만 사람과 동물은 서로 대화가 통하지 않습니다. 하지만 조금만 노력하면 눈빛만으로도 서로의 생각을 알아차릴 수 있습니다. 이 과정은 성과가 바로 나타나지 않아 아주 지루한 과정이 될 수 있습니다. 그래도 포기하지 않고 몇 가지 힘든 고비만 넘긴다면 보호자와 반려견은 지금보다 훨씬 더 행복하게 살게 될 것입니다.

## 🐾 '해주세요(존중)' 교육

이 교육의 핵심은 아주 간단합니다. 필요하거나 원하는 것이 있으면 스스로 조용히 앉아서 사람을 쳐다보도록 하는 것입니다. 강아지에게 있어 다른 대상 앞에 조용히 앉는 것은 상대에 대한 자연스러운 존중의 행동을 의미합니다. 개의 사회는 기본적으로 다른 대상을 존중하는 것을 기반으로 하고 있으며 그에 따른 규칙을 갖고 있습니다. 존중은 사회 일원이 어떤 행동을 취하기 전에 다른 개체에게 정보나 자원을 얻기 위해 조용히 기다리는 것입니다. 어릴 때부터 모든 강아지에게 '해주세요(존중)' 교육을 가르치면 문제 행동을 막을 수 있습니다.

### •• '해주세요' 교육의 주의 사항 ••

▶ **사람은 강아지의 우두머리가 아닙니다.**

강아지는 밀접한 친족 관계로 사회가 구성됩니다. 우리는 이를 '무리'라고 합니다. 사람은 강아지와 피를 나눈 사이가 아니므로 당연히 무리라는 개념은 맞지 않습니다. 함께 사는 대부분의 반려동물도 무리 개념과는 다릅니다. 하지만 간혹 몇몇 보호자는 '강아지는 우리 가족이니 한 무리다'라며 사람이 무리의 우두머리가 되어야 하고, 우두머리가 되기 위해 강압적인 행동을 보여야 한다고 생각하는 경우가 있습니다. 그러나 이것은 아주 큰 착각입니다. 사람은 강아지와 다르고 강아지와 사람 사이의 관계 역시도 다르다는 것을 반드시 인지해야 합니다. 무리 개념에서 벗어나야만 사람과 강아지 사이의 복잡한 상호의존적 관계를 더 잘 이해할 수 있습니다. 우리는 무리가 아닌 서로 다른 개체이며 우두머리가 아닌 동반자로서의 인식을 조금 더 확실하게 가진다면 교육의 성과는 금방 보일 것입니다.

▶ **강아지에게 존중을 통해 요구하는 법을 가르칩니다.**

강아지는 말을 할 수는 없지만 필요하거나 원하는 것이 있을 때는 사람에게 요구합니다. 때로는 짖고, 때로는 발로 긁고, 때로는 얌전히 앉아서 쳐다봅니다. '해주세요' 교육은 이 중에서 얌전히 앉아서 쳐다보는 행동을 가르칩니다. 강아

▲ 정보를 얻기 위해 쳐다보는 중

지는 사회적 동물이므로 필요한 것이 있거나 정보가 불확실할 때는 다른 구성원과 정보를 교환하려고 합니다. 정보를 얻기 위해서 다른 대상을 쳐다보며 소통하는 것은 자연스러운 일입니다. 그러니 소통을 위해 짖거나 긁는 것이 아니라 얌전히 앉아서 쳐다보는 법을 가르치는 것이 좋습니다.

### ▶ 벌칙을 사용해서는 안 됩니다.

강아지의 행동을 바꾸기 위해 사용하는 신체적 체벌은 대부분 학대에 해당합니다. 진정한 벌칙은 통증을 수반하지 않으면서 바람직하지 않은 행동을 포기하게 할 수 있어야 하고 미래에 그 행동을 줄일 수 있을 정도로 충분히 강력해야 합니다. 하지만 이것은 현실적으로 거의 불가능합니다. 대개의 벌칙은 통증을 수반하거나, 반대로 충분히 강력하지 않습니다. 통증을 수반하게 되면 벌칙을 받는 것이 아니라 정신적으로나 신체적으로

다치게 되고 반대로 충분히 강력하지 않으면 아무런 교육 효과가 없게 됩니다. 이처럼 벌칙은 교육적 효과 없이 역효과만 나타날 뿐이니 사용하지 않도록 합니다.

### ▶ 문제 행동을 보일 때는 무시합니다.

문제 행동을 막을 수 없을 때는 벌칙을 사용하지 말고 무시해야 합니다. 대부분의 강아지에게는 신체적인 체벌이나 학대보다 무시하는 것이 오히려 더 강력하고 진정한 벌칙으로 작용합니다.

▶ **올바른 행동에 대해 알려줍니다.**

강아지에게 올바른 행동이 무엇인지 알려줘야 합니다. 하지 말아야 하는 행동만 수천 번 말하고, 해야 할 일을 말해주지 않으면 강아지는 어떤 행동이 옳은지 모르기 때문에 계속 실수를 반복할 수밖에 없습니다. 안 된다는 말은 반드시 다른 행동으로 유도할 말과 같이 사용해야 합니다. 예를 들어 발을 핥고 있다면 발 이외에 다른 선택지를 제공해야만 멈추게 할 수 있습니다. 올바른 행동을 한 뒤 얌전히 앉아서 보호자를 쳐다보면 부드럽게 쓰다듬어 주거나 약간의 간식을 줍니다. 이런 방식으로 보상하면 언제 어떤 행동으로 인해 칭찬을 받은 것인지 인식할 수 있게 됩니다.

 **Key Point**

'해주세요(존중)' 교육의 핵심 기조
① 바람직한 행동에만 보상하기
② 바람직하지 않은 행동은 무시하기
③ 벌칙 금지

## •• 상호 작용의 기본 만들기 : 명확한 신호 주기 ••

'해주세요' 교육의 취지는 사람과 강아지 사이에 좋은 상호 작용의 기본을 만들어 주는 것입니다. 강아지에게 일관된 태도로 '얌전하고, 조용하고, 주의 깊게 보호자에게 집중한다면 관심과 보상이 주어진다'고 가르칩니다. 즉 보호자는 명확한 신호를 통해 강아지가 실제적인 기대를 갖도록 가르쳐야 합니다. 만약 잘못했다면 체벌을 하거나 화내지 말고 외면하며 자리를 떠나면 됩니다. 강아지와 좋은 관계를 맺기 위해서는 모든 행동을 통제하려고 하면 안 됩니다.

다른 일을 하고 있을 때 강아지가 다가와서 매달리면 별생각 없이 쓰다듬어 주는 경우가 많습니다. 아무 생각 없이 다가오니 만져줬을 뿐이지만, 강아지 입장에서는 성가신 행동을 통해 보호자의 반응을 얻어내고 심지어 보상까지 받은 셈입니다. 계속 보상을 받고 싶은 강아지는 성가신 행동을 반복하지만 보호자는 강아지가 대체 왜 이러는지 알지 못합니다. 이처럼 우리는 늘 의도와 상관없이 강아지에게 신호를 주고 있고, 강아지는 언어가 아닌 신호를 더 잘 읽습니다. 갈수록 성가신 행동이 늘어나고 있다면 우리가 무의식중에 올바르지 않은 신호를 주고 있는 건 아닌지 고민해 봐야 합니다. 강아지가 보호자를 존중하며 앉아서 기다리지 않는다면 아직 만져주고 사랑을 줄 상황이 아닙니다. 조용히 앉아서 보호자에게 집중하도록 가르치는 것이 문제 행동을 줄이고 옳은 행동을 할 수 있게 만듭니다. 이 교육의 목적은 강아지를 통제하거나 주인이 되려는 것이 아니라 강아지에게 신호를 명확하게 전달할 기회를 늘리는 것이고, 그 신호에 강아지가 집중하여 보호자가 원하는 행동을 하도록 만드는 것입니다. 이때 정확하게 보상을 주면 교육의 효과는 더 높아집니다.

▲ 간식을 원할 때 써니 표정
앉아서 집중하고 있습니다.

강아지는 본능적으로 앉거나 엎드리거나 쳐다보는 것으로 다른 강아지에게 존중을 표현합니다. 그러니 보호자에게도 같은 방식으로 존중을 표현하고 우리에게 정보를 받을 준비를 시킬 수 있습니다. 물론 꼭 앉거나 엎드려야 하는 것은 아니며 오래 지속할 필요도 없습니다. 엉덩이를 몇 초만 붙이고 얌전히 보호자를 쳐다보는 것만으로도 충분합니다.

강아지가 보호자 앞에 앉자마자 "잘했어~"라고 말하고 간식을 아주 작게 잘라 줍니다. 이때 간식은 매일 먹는 것이 아니라 강아지가 특별히 좋아하는 것을 준비하는 것이 좋습니다. 또한 얌전히 앉아있는 동안 계속 사랑스럽게 눈을 마주치며 긍정적인 신호를 줍니다. 앉는 법을 알려주고 난 다음부터는 원하는 것이 있다면 조용히 앉아서 기다리면 된다는 것을 계속 알려주면 됩니다.

이처럼 앞으로 살아가는 동안 강아지에게 필요하거나 원하는 것이 있을 때 **앉아서 / 얌전히 보호자를 쳐다보며(핵심) / 보호자의 신호에 집중**해야 한다는 것을 가르치는 것이 목적입니다. 이런 교육은 가능한 한 빠르게 시작하는 것이 좋습니다.

▲ 털 손질을 마친 써니

### Key Point

**강아지가 필요로 하거나 원하는 것**

- 먹이
- 간식
- 사랑
- 털 손질
- 산책용 목줄을 하는 것
- 산책 후 발을 씻는 것
- 침대나 소파에 올라가는 것
- 장난감 놀이
- 상처 확인하기
- 쓰다듬어 주기
- 쳐다봐 주기

## •• '해주세요' 가르치기 ••

### ▶ 이름을 부르고 강아지가 앉을 때까지 기다리기

　이름을 부르고 강아지가 보호자 앞에 얌전히 앉을 때까지 기다립니다. 보호자가 원하는 행동을 바로 하지 않는다고 해서 강아지가 반항하는 것은 절대 아닙니다. 강아지와 괜히 기싸움하지 마세요. 강아지는 단지 보호자의 의도를 파악하는 데 시간이 필요할 뿐입니다. 보호자의 행동이 이전과 달랐기 때문에 진짜 원하는 것이 무엇인지 몰라서 당황해하는 것일 수도 있습니다. 그러니 교육을 할 때는 충분한 시간과 마음의 여유를 가지고 기다리며 가르쳐야 합니다. 어떤 강아지들은 그저 앉아서 조용히 있는 것으로 칭찬받는다는 것이 낯설어 적응하는 데 시간이 걸리기도 합니다. 그러니 집중하고 반응할 수 있는 시간을 충분히 주도록 합니다.

　강아지가 앉는 것을 거부하거나 혼란스러워하면 잠시 떨어져 있는 것도 좋습니다. 보호자가 자리를 옮기면 강아지는 결국 따라오게 되어 있으며, 강아지가 봐달라고 하면 그때 다시 앉을 때까지 기다립니다. 이런 과정을 몇 번 반복하면 그리 오래 지나지 않아 보호자가 원하는 것이 앉는 것이란 걸 배우게 됩니다. 강아지가 잘 따르지 않는다고 화내지 마세요. 그런다고 강아지가 달라지는 것은 아닙니다. 보호자가 끝까지 조용하고 단호한 태도로 기다려주면 강아지도 달라질 것입니다. 이때 잊지 말아야 할 건 잘했을 때 주는 보상입니다.

▶ **앉자마자 간식으로 보상하기**

처음에는 강아지가 앉자마자 간식으로 보상하고 칭찬합니다. 그다음에는 앉아서 보호자와 눈을 맞출 때 보상해 줍니다. 눈을 보지 않는다면 간식을 가진 손을 보호자의 눈 쪽으로 가져가서 눈이 마주치면 보상해 주는 것으로 행동을 유도합니다. 보상은 교육의 속도를 높여주기 때문에 강아지가 생각보다 빠르게 적응하는 것을 확인할 수 있을 겁니다. 앉아서 눈을 맞추는 것도 잘하게 되었다면 다음 단계는 '기다려'입니다. '기다려'를 가르칠 때는 해제 신호 전까지 얌전히 기다리도록 해야 합니다. '기다려'를 잘 가르쳐두면 환경이 달라져도 스스로 진정할 수 있습니다.

 **Key Point**

**'기다려' 가르치기**

① **이름 부르기**

강아지의 이름을 불러 주목하게 만듭니다. 복종 훈련과 다르게 쳐다볼 때까지 여러 번 불러도 괜찮습니다. 이름은 보호자를 향하게 하는 확실한 신호이기 때문입니다. 강아지가 즉시 눈을 보지 않으면 간식을 보호자의 눈 가까이 가져가 시선을 끌어야 합니다. 이 단계의 포인트는 강아지가 보호자에게 집중하게 만드는 것입니다. 보호자에게 관심이 없다면 몇 분 후에 다시 불러서 쳐다보도록 유도하고 같은 과정을 여러 번 반복합니다. 처음에는 강아지를 안심시키기 위해 반복해서 이름을 부르다가 점점 익숙해지면 횟수를 줄여나갑니다.

② 적절하게 보상하기

시선을 맞추며 집중을 잘했다면 적절하게 보상해야 합니다. 좋아하는 간식을 작게 잘라주면 앞으로도 교육에 적극적으로 참여할 것입니다.

③ 해제 신호 주기

해제 신호는 일관된 언어를 사용하는 것이 좋으며 하나나 두 개만 사용합니다. 일상에서 흔히 사용하는 단어는 혼동될 수 있으므로 '여기까지! / 됐어! / 땡!' 등 강아지가 평소 듣기 어려운 단어를 선택합니다. 해제 신호 전에 움직이면 다시 기다리게 한 후 3~5초 뒤에 해제 신호를 주어 지금부터는 움직여도 된다는 것을 알려줍니다.

④ 조금씩 거리 늘려가기

가까운 거리에서의 '기다려'가 익숙해지면 강아지와의 거리를 조금씩 늘려나갑니다. 갑자기 거리를 늘리면 교육이 실패할 가능성이 크니 서서히 거리를 늘립니다.

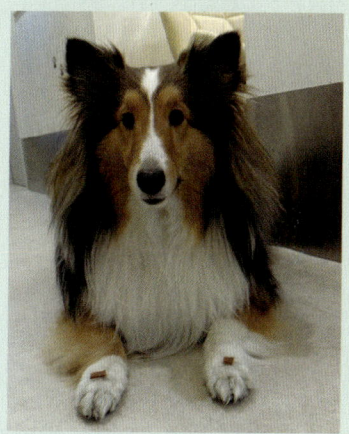

▲ '기다려' 중인 써니
기다리면 먹을 수 있다는 사실을 알고 있습니다. 이때 간식이 아니라 보호자의 눈을 쳐다보는 것이 중요합니다.

▶ 모든 가족이 함께 참여하기

교육할 때는 모든 가족이 함께 참여하되 일관된 방법으로 교육해야 합니다. 가족 구성원들이 각자 다른 방법으로 가르치면 강아지는 혼란스러운 상황에 당황하게 됩니다. 이러면 교육이 되지도 않을뿐더러 오히려 강아지가 문제 행동을 보이는 원인이 될 수 있습니다.

집에 어린아이가 있는 경우 서로가 안전한지 관찰하고 무의식중에 나쁜 행동을 가르치지 않도록 합니다. 또한 아이가 강아지를 못살게 굴지 않도록 주의해야 합니다. 아이는 좋아서 하는 행동이지만 강아지에게는 괴롭힘이 될 수 있음을 인지시킵니다. 멀리 있는 강아지에게 음식을 흔드는 것은 일어나서 돌진하라고 신호를 보내는 아주 위험한 행동이니 주의하고, 음식을 줄 때는 손바닥으로 주는 것이 가장 안전하다는 것을 알려줍니다.

## •• 올바른 보상 방법 ••

### ▶ 올바른 간식 보상 방법

간식은 뇌물이 아닌 보상으로만 제공합니다. 간식을 뇌물로 주면 교육은 실패하기 쉽습니다. 간식은 강아지가 확실히 좋아하는 것으로 해야 효과가 있는데, 교정해야 하는 문제가 심할수록 올바른 행동을 했을 때 평소에는 주지 않았던 특별한 간식을 주는 것이 좋습니다. 또한 탄수화물보다 단백질 함량이 높은 간식이 좋습니다. 고단백 간식은 학습을 더 잘 기억하게 해주고 긴장을 푸는 데에도 도움이 됩니다. 식이 알레르기가 있거나 약을 먹는 경우는 식이 제한이 필요할 수 있으니 간식을 선택할 때 주의해서 준비합니다. 자주 먹던 과자나 사료를 간식으로 준비할 경우 새로운 행동을 배우기에 충분히 흥미를 이끌지 못할 수 있고, 반대로 너무 맛있는 간식은 강아지를 흥분시킬 수 있으니 적절한 것을 선택합니다. 간식의 크기는 최대한 작게 잘라 주는 것이 좋은데, 손톱의 반 이하 정도로 작아야 배부르지 않고 살이 찌지 않으면서 지루해하지도 않습니다. 한 가지 간식에 흥미를 잃으면 다른 간식으로 바꿔 시도합니다. 이때 간식은 전체 필요한 칼로리 중에 너무 많은 부분을 차지해서는 안 되며, 하루 급여량의 10% 이내로만 먹입니다.

▶ **교육 시 보상하는 방법**

    간식은 통이나 봉투에 넣어 강아지가 닿을 수 없는 곳에 준비합니다. 처음 교육을 집중적으로 하는 때라면 간식 주머니를 허리에 착용해도 좋습니다. 간식은 많이 쥐고 있지 말고 한 번에 한두 개 정도만 손에 쥐어서 갑자기 달려드는 것을 막습니다. 간식을 쥔 손은 뒤로 숨겼다가 주목을 끌 때 눈 쪽으로 옮겨서 쳐다보게 합니다. 간식이 아닌 손을 볼 수 있게 손가락으로 간식을 살짝 가리고 간식을 줄 때는 손을 쫙 펴서 줍니다. 손가락 끝으로 간식을 주면 급하게 먹으려다 실수로 손가락을 물 수도 있으니 주의합니다.

    손을 무서워하면 간식을 그냥 바닥에 떨어뜨려도 됩니다. 다가오는 것조차 어려워하면 조금 먼 거리에서 간식을 던져주면서 조금씩 다가오게 만듭니다. 마주 보는 것을 두려워한다면 매우 짧게 쳐다보게 한 다음 보상합니다. 노려보는 것이 아니라 부드러운 시선으로 쳐다보고, 정면으로 보는 것을 싫어하면 처음에는 옆으로 살짝 보는 것부터 시작합니다. 조금씩 익숙해지면 간식을 쥔 손을 눈에 대고 "주목"이라고 외친 뒤 강아지가 쳐다보면 바로 간식을 줍니다.

# 05
# 기본예절 교육

사람도 사회의 구성원으로 살아가기 위해 교육을 받아야 하는 것과 마찬가지로 강아지도 사람과 함께 살아가기 위해서는 예절 교육을 받아야 합니다. 왜 예절 교육이 필요할까요? 결론부터 말하면 예절 교육이 잘되어 있는 예의 바른 강아지가 더 행복하기 때문입니다. 산책을 나가도 기본예절 교육이 잘되어 있는 강아지는 인기가 많습니다. 사람들로부터 호의적인 반응을 계속 받게 되면서 자신감도 올라가고 점점 더 산책이 즐거워질 수밖에 없습니다. 반대로 다른 사람이나 강아지만 보면 짖고 보호자의 말을 무시하는 강아지라면 어떨까요? 그런 강아지는 늘 사람들의 안 좋은 눈총을 받고 그에 따른 보호자의 불안한 마음이 그대로 강아지에게 전해져 산책을 꺼리게 될 것입니다. 강아지에게 보호자는 부모나 마찬가지입니다. 따라서 교육의 책임도 전적으로 보호자에게 있습니다. 행복한 강아지를 만들기 위한 첫걸음, 지금부터 기본예절 교육의 종류와 방법에 대해 알아보겠습니다.

## 🐾 기본예절 교육의 원칙

기본예절 교육을 가르치기에 앞서 몇 가지 알아야 할 원칙이 있습니다. 앞서 설명한 내용이 포함되어 있는데 그만큼 중요한 부분이니 꼭 확인하도록 합니다.

### ▶ 음식의 소중함을 알게 합니다.

공짜 간식은 절대 주지 말고 사료 급여 시에 냄새만 맡고 먹지 않는다면 바로 치운 뒤, 다음 식사 시간까지 주지 않습니다.

### ▶ 강아지의 모든 행동을 통제하려고 하기보다는 올바른 행동을 강조합니다.

강아지가 하는 행동 중에 올바른(원하는) 행동만 골라서 보상을 줍니다. 이때 주의해야 하는 점이라면 일관성을 유지해야 한다는 것입니다. 어떤 행동을 했을 때 보상을 받을 수 있다는 규칙을 이해하게 되면 강아지는 스스로 보상이 주어지는 행동을 선택하게 되고, 점차 보호자와 함께 있는 시간이 즐거워질 것입니다.

### ▶ 뇌물이 아닌 보상을 줍니다.

가끔 손에 간식이 없으면 말을 안 듣는 경우가 있습니다. 이는 보상이 아닌 뇌물로 강아지를 교육했기 때문입니다. 간식으로 행동을 유도하는 것은 뇌물이고, 올바른 행동을 한 후에 주어지는 것이 보상입니다. 행동을 이끌어내기 위해 처음 한두 번은 보상을 뇌물처럼 쓸 수 있지만, 그때도 보상은 행동 후에 주어야 합니다. 간식이 아닌 말로도 비슷한 실수를 할 수 있습니다. 지시어를 반복하고 애원하듯이 여러 번 말하는 것 또한 말로 주는 뇌물입니다. 강아지에게 특정 지시를 했다면 그 행동을 할 때까지 기다렸다가 보상을 해주어야 합니다. 교육에는 인내심이 필요하다는 것을 항상 염두에 두어야 합니다.

▶ **행동을 먼저 하고 잘한 행동에 말을 붙입니다.**

당연한 말이지만 강아지는 사람의 말을 알아듣지 못합니다. 아무리 앉으라고 말을 해도 강아지는 그게 무슨 의미인지 전혀 알지 못한다는 뜻입니다. 따라서 말로 행동을 하게 하는 것이 아니라 행동에 말을 붙여야 합니다. 위에서 설명한 대로 우리가 원하는 행동을 할 때 보상을 주고 그 행동을 반복적으로 할 수 있게 되면 그때 말을 붙입니다. 강아지가 올바른 행동을 했을 때 보상과 함께 '좋아'나 '잘했어'라는 말을 사용합니다. 이런 말은 즉시 보상이 주어지지 않는 상황에서 시간 차이를 메워주는 역할을 합니다. 예를 들어 소변을 패드에 잘 보았다면 먼저 '좋아'나 '잘했어'라는 말로 칭찬해 주고 이후에 간식을 주면 됩니다.

▶ **이름을 부르면 언제라도 보호자를 쳐다보도록 가르칩니다.**

조용한 장소에서 이름을 부른 뒤 강아지가 쳐다보면 바로 간식을 줍니다. 여러 번 반복하면 눈치 빠른 강아지는 이름을 부르는 즉시 쳐다볼 것입니다. 그다음에는 보호자의 눈을 바라볼 때만 간식을 줍니다. 여기까지 잘 이루어졌다면 간식을 주는 횟수를 줄이면서 칭찬으로 대체합니다.

▶ **교육은 꾸준히 해야 합니다.**

지금까지의 모든 교육은 강아지와 소통을 하기 위함입니다. 그렇기에 단순한 재주로 끝내는 것이 아니라 일상에서도 꾸준히 가르쳐야 합니다. 교육은 매일 반복하되 너무 길게 하지 말고 10분 이내로 짧게 하는 것이 좋습니다.

▲ 보호자를 바라보고 있는 써니와 친구

## 🐾 기본예절 교육의 종류와 방법

### •• 식사 예절 교육 ••

　식사 예절 교육은 모든 교육의 기초라고 할 수 있습니다. 대부분의 강아지는 밥 시간을 가장 좋아하고 기다립니다. 그렇다 보니 밥을 주면 허겁지겁 먹는 경우가 많고, 성격이 급한 강아지는 밥그릇을 들고 있는 보호자의 손을 내리쳐 난장판으로 만들기도 합니다. 반대로 어떤 강아지는 입맛이 까다로워 사료만 주면 먹지 않고 이것저것 섞어주어야 겨우 먹기도 합니다. 보호자가 밥그릇을 들고 다니며 손으로 한 알씩 먹여주어야 먹는 강아지도 있습니다. 식사 때마다 전쟁이 아닐 수 없습니다. 그럴 때는 앞으로 이렇게 합니다.

▶ **기다리지 못하고 급하게 먹는 경우**

　우선 사료의 양이 너무 적은 건 아닌지 살펴보아야 합니다. 특히 펫샵에서 분양받았다면 샵에서 알려주는 양은 지나치게 적은 경우가 많습니다. 강아지가 너무 빨리 크지 않게 하려는 의도와 변이 물러지지 않게 하기 위해 밥을 적게 주었기 때문입니다. 이런 경우 그동안 너무 적게 먹었기 때문에 적정량을 사료를 주었는데도 자꾸 설사를 하고, 늘 허기진 상태라 잠시도 기다리지 못하고 급하게 먹게 되는 것입니다.

　사료 양이 적당하다면 그때는 교육이 필요합니다. 먼저 사료가 담긴 밥그릇을 들고 식사 장소로 가서 강아지가 앉을 때까지 기다립니다. 그 과정에서 강아지는 점프를 하거나 짖고 낑낑대면서 보챌 수 있습니다. 이때 강아지가 불쌍하다며 포기하지 말고 단호한 태도로 기다립니다. 강아지가 여러 가지 시도를 하다가 포기하고 앉으면 그때 밥그릇을 내려놓습니다. 앉아 교육이 되어 있다면 차분하고 낮은 목소리로 '앉아'라고 지시하고, 지시에 따라 앉으면 밥그릇을 내려놓습니다. 반복적으로 교육하면 어떤 행동을 해야 식사를 할 수 있는지 가르칠 수 있습니다.

→ **주의할 점** : '앉아'라고 지시했으면 앉을 때까지 잠시 기다려주어야 합니다. 즉시 하지 않는다고 계속해서 같은 말을 반복하면 오히려 효과가 떨어지기 때문입니다.

▶ **사료를 잘 먹지 않고 간식만 원하는 경우**

생각보다 많은 보호자가 이 문제로 힘들어합니다. 사료에는 입도 안 대고 간식만 먹으려 하니 이러다 몸이 상하지는 않을지 걱정이 이만저만이 아닙니다. 하지만 먹을 것을 앞에 두고 굶어 죽는 강아지는 없습니다. 편식하는 행동은 대개 마음 약한 보호자들이 강아지와의 기싸움에서 졌기 때문입니다. 우리도 강아지의 행동을 관찰하고 교육하려 하듯이 강아지도 보호자를 관찰하고 자신에게 유리한 결과를 이끌어내려고 노력합니다. 강아지가 귀엽게 생긴 것도, 귀여운 행동을 하는 것도 모두 생존에 유리하기 때문입니다. 보호자가 좋아할 만한 행동을 함으로써 생존을 이어가는 것입니다. 마찬가지로 사료를 먹지 않고 참으면 간식이 나온다는 사실을 알게 된 강아지의 입장에서는 굳이 맛없는 사료를 먹을 이유가 없는 것입니다. 사료 한 번 보고 보호자 얼굴 한 번 보고 낑낑거리며 구석에 가서 엎드린다면 마음 약한 보호자는 가슴이 찢어질 것입니다. 간식을 주지 않고는 견딜 수 없겠지요. 결국 간식을 꺼내 들었다면 보호자는 이미 강아지에게 길들여진 것입니다. 보호자가 강아지를 가르쳐야 하는데 반대가 된 것이죠.

- **문제를 만들지 않는 방법**

지금부터 이런 문제를 만들지 않는 방법을 알려드리겠습니다. 첫째, 절대 사람 음식을 주지 않습니다. 사람 음식을 주는 순간 강아지는 식탁 위의 모든 음식은 자기가 먹어도 되는 것으로 인식하게 됩니다. 이렇게 되면 무언가를 먹을 때마다 와서 조르게 됩니다. 둘째, 과일 같은 것을 조금씩 줄 때도 반드시 밥그릇에 줍니다. 음식은 꼭 자기 밥그릇에서만 먹을 수 있다고 가르쳐야 합니다. 셋째, 간식은 아주 특별한 경우에만 줍니다. 의미 없이 간식을 주는 일은 피해야 합니다. 교육 후에 보상으로 주거나, 지시한 일을 잘 해냈을 때만 간식을 주어야 강아지가 보호자의 말에 훨씬 집중합니다. 넷째, 일주일에 한 번은 날을 정해서 특별히 맛있는 음식을 줍니다. 강아지용 캔을 주거나 닭가슴살을 삶아서 사료와 섞어주어도 좋습니다. 이런 특별한 이벤트는 강아지가 보호자를 더욱 사랑하게 만드는 비결입니다.

- **이미 발생한 문제를 해결하는 방법**

이미 음식으로 투정 부리는 강아지를 가르치려면 단호한 마음가짐이 필요하니 마음을 단단히 먹고 시작하도록 합니다. 먼저 평소에 먹는 사료를 줍니다. 보통은 와서 냄새를 맡다가 마음에 들지 않으면 고개를 돌리고 자리를 떠납니다. 그러면 사료를 치우고 빈 그릇만 둡니다. 하루에 세 번 밥을 준다면 이미 한 번의 기회는 사라진 것입니다. 다음 밥 시간까지는 물만 주고 아무것도 주지 않고 있다가 그다음 밥 시간에 똑같이 반복합니다. 강아지가 '지금 안 먹으면 한동안 아무것도 먹을 수 없다.'라고 생각하게 만들어야 합니다.

중간에 마음이 약해져서 다른 음식을 주면 다음번에는 더욱 오래 참기 때문에 문제 행동을 바로잡기에 훨씬 더 많은 시간과 노력이 필요해집니다. 정해진 시간에만 밥을 주는 것을 반복하면 보통은 하루 이틀 이내에 밥을 먹기 시작합니다. 강아지가 투정 부리지 않고 밥을 먹었다면 많이 칭찬해 주고 식사 후에 약간의 간식을 주며 보상합니다. 먹을 것을 앞에 두고 굶어 죽는 강아지는 없다는 것과 참지 못하는 것은 강아지가 아니라 보호자라는 사실을 꼭 명심하면 쉽게 문제를 해결할 수 있습니다.

 Sunny's story

### 써니에게 식사 예절 가르치기

써니는 처음 집에 왔을 때부터 먹성이 좋았습니다. 뭐든지 잘 먹고 더 먹고 싶어 했습니다. 사료 그릇만 보면 흥분해서 빙글빙글 돌고 빨리 달라고 재촉하기 일쑤였습니다. 그러다가 물그릇을 발로 차서 물을 쏟기도 했었죠. 그래서 교육을 시작했습니다.

써니에게 밥을 줄 때는 식탁 위에서 사료를 담은 후에 식사 자리로 가서 밥그릇을 들고 기다렸습니다. 써니는 빨리 달라고 난리를 피웠지만 그냥 들고 서 있었습니다. 써니가 이리저리 왔다갔다 하고 무릎에 매달리기도 하다가 결국 포기하고 앉았을 때 사료 그릇을 천천히 내려놓습니다. 이때도 써니를 잘 보고 있다가 써니가 엉덩이를 떼고 달려들려고 하면 다시

▲ 밥그릇을 놓을 때까지 기다리는 써니

일어섭니다. 사료 그릇을 바닥에 내려놓을 때까지 엉덩이를 붙이고 앉아있으면 그때 "먹어"라고 말하고 먹게 했습니다. 물론 처음부터 잘하지는 않았습니다. 하지만 기다리는 것을 할 줄 알게 된 후로는 밥그릇을 내려놓을 때까지 알아서 기다릴 수 있게 되었습니다.

식사 예절 교육의 장점은 앉아서 기다리는 법과 '먹어'라고 해야 먹을 수 있다는 사실을 배울 수 있다는 것입니다. 써니는 제가 간식을 먹고 있으면 슬그머니 옆에 와서 앉습니다. 그러고는 간식과 저를 번갈아 쳐다봅니다. 먹고 싶다는 간절한 표현입니다. 먹어도 되는 간식이라면 조금 잘라서 밥그릇에 놓아준 후 "먹어"라고 말해줍니다. 이제는 써니와 제법 대화가 통하게 되었습니다.

## •• 입질(무는 강아지) 방지 교육 ••

### ▶ 무는 강아지 교육을 위한 터그(잡아당기기) 놀이

무는 버릇이 있는 강아지라면 무조건 해야 하는 교육입니다. 어린 강아지가 실수로 보호자를 물었을 때 별로 아프지도 않고 귀엽다는 생각에 그냥 넘어간다면 강아지는 무는 것에 대한 거부감이 없어져 보호자뿐만 아니라 다른 사람과 동물도 쉽게 물어버립니다. 이때 필요한 것이 터그 놀이입니다. 강아지의 물기 본능을 해소함과 동시에 활동량이 많은 강아지의 경우 터그 놀이를 통해 실내에서도 에너지를 소모할 수 있어 스트레스 해소에도 좋습니다.

• **터그 놀이하는 방법**

① 놀이를 시작하기 전에는 항상 강아지에게 '앉아-기다려'를 시킵니다. 앉아서 기다리며 진정한 다음 놀이를 시작합니다.

② "시작"이라고 말하며 장난감을 물어도 된다는 신호를 줍니다. 이때 장난감은 너무 뻣뻣하거나 단단하지 않은 것으로 준비합니다.

③ 양쪽에서 서로 잡아당깁니다. 자칫하면 목을 다칠 수도 있으니 방향을 너무 휙휙 바꾸거나 빙빙 돌리지 말아야 합니다.

④ 놀이 중에 조금이라도 이빨이 보호자의 몸에 닿으면 크게 다친 것처럼 엄살을 부리며 바로 놀이를 중단합니다. 이때 가능하다면 10~15초 정도는 다른 방에 갔다가 오면 좋습니다. 강아지는 이 시간 동안 흥분도 가라앉히고 왜 보호자가 놀이를 그만두고 나갔는지 생각하게 됩니다.

⑤ 다시 돌아와 '앉아-기다려'를 시킨 후 ②번으로 돌아가 놀이를 시작합니다.

⑥ 놀이가 끝나면 "끝"이라고 신호를 주고 '주세요'를 통해 장난감과 간식을 바꾸는 것으로 마무리합니다. 나중에는 장난감을 먼저 받고 이후에 보상으로 간식을 주는 것이 좋습니다.

이 과정을 반복하면 강아지는 놀이를 통해 사람 몸에 입을 대면 안 된다는 것을 배울 수 있습니다. 놀이의 규칙이 명확하기 때문에 혼란스럽지 않고 놀이 끝에는 간식을 먹을 수 있어서 즐겁게 놀이를 끝낼 수 있습니다.

### 써니와의 놀이

강아지의 인생에서 놀이는 산책만큼 중요한 요소입니다. 비가 와서 산책을 못 나가더라도 놀이는 꼭 해야 합니다. 강아지들마다 좋아하는 놀이가 다를 수 있으니 여러 종류의 장난감을 준비해 두는 것이 좋습니다.

써니는 어릴 때 고양이 낚싯대로 놀아주는 걸 가장 좋아했습니다. 고양이 낚싯대는 긴 철사 끝에 깃털과 방울이 달린 형태인데, 제가 낚싯대를 흔들면서 집 안을 뛰어다니면 써니도 열심히 쫓아왔습니다. 써니에게 낚싯대가 잡히면 잠깐 줄다리기를 하다가 놓아줍니다. 그럼 조금 물고 흔들다가 다시 가져옵니다. 입에 물고 있을 때 간식을 주면 간식을 먹으려고 낚싯대를 내려놓는데 그때 "주세요"라는 말을 붙였습니다. 그렇게 몇 번 하고 나니 입에 물고 있는 물건이 있을 때 "주세요"라고 말하면 물건을 놓을 수 있게 되었습니다. '주세요'를 가르치면 위험한 물건을 씹고 있을 때 쉽게 놓게 할 수 있는데, 놀이를 통해 가르치면 훨씬 즐겁게 배울 수 있습니다. 처음 가르칠 땐 특별히 좋아하는 간식과 바꿔주어야 빨리 배웁니다.

써니가 다음으로 좋아한 놀이는 공놀이였습니다. 파인애플 모양에 삑삑- 소리가 나는 장난감인데 던지면 열심히 뛰어가서 물어오곤 했습니다. 많은 강아지가 공놀이를 좋아하는데, 이는 강아지에게 쫓는 습성이 있기 때문입니다. 이 습성을 활용해 놀이하면 활동량도 채울 수 있고 강아지와의 관계도 좋아집니다. 하지만 실내에서 공놀이를 할 때는 미끄러짐에 주의해야 합니다. 놀이에 지나치게 몰입하다 보면 무리하게 뛰다가 관절을 다칠 수도 있기 때문입니다. 너무 흥분한 것 같으면 간식과 물을 먹이면서 잠시 쉬게 하고, 진정이 되면 다시 놀이를 시작하는 것이 좋습니다.

## •• '엎드려' 교육 ••

얌전히 앉아서 기다릴 줄 아는 강아지는 '엎드려'도 쉽게 배울 수 있습니다. 강아지가 앉아 있는 상태에서 코끝으로 간식을 가져간 뒤 손을 천천히 바닥으로 내리면 자연스럽게 엎드리는 자세가 됩니다. 이때 손을 수직으로 내리지 말고 약간 앞으로 사선을 그리듯이 내리면 더 자연스럽게 엎드리는 자세가 됩니다. 손을 따라 강아지가 엎드리는 즉시 간식을 주어 보상합니다. 여러 번 반복해서 잘하게 되면 엎드리는 순간 "엎드려"라고 말을 붙입니다. 제법 잘하게 되었다면 행동은 하지 말고 "엎드려"라고만 말합니다. 강아지가 말에 반응해서 엎드리는 순간 간식을 주고 칭찬해 줍니다.

## •• 산책 예절 교육 ••

산책은 모든 강아지에게 꼭 필요한 사회 활동입니다. 산책 예절을 잘 가르쳐두면 보호자도 강아지도 모두 안전하고 즐겁게 산책을 할 수 있습니다. 산책 시에는 목줄 또는 가슴줄을 사용해야 합니다. 이는 강아지를 통제하려는 것이 아니라 안전사고를 예방하려는 조치입니다. 목줄은 강아지의 행동을 교정할 수 있지만 급하게 당길 경우 다칠 수 있으니 주의해야 하고, 가슴줄은 안전하지만 행동을 제어하기 어렵다는 단점이 있습니다. 둘 다 유의할 점은 리드줄을 너무 길게 늘이지 않아야 한다는 것입니다. 리드줄이 너무 길면 행동을 교정해야 할 때 끈이 빠르게 당겨지지 않아 타이밍을 놓칠 수 있습니다.

### ▶ 산책 예절 교육 방법

익숙한 장소이면서 사람이 적은 시간대를 골라 교육을 진행합니다. 보호자는 강아지 옆에 나란히 서서 리드줄을 U자로 만듭니다. 보호자가 출발하면 강아지는 따라올 것입니다. 천천히 걷다가 강아지가 보호자보다 앞서나가 줄이 팽팽해지면 즉시 그 자리에 멈춰 섭니다. 이때 줄을 당겨 강아지를 멈추게 하지 말고 그냥 가만히 서 있으면 됩니다. 강아지가 줄을 당겨도 나무에 묶어 놓은 듯 가만히 버티면 강아지는 몇 번 당겨보다가 다시 돌아올 것입니다. 돌아온 강아지가 보호자 옆에 앉아서 쳐다보면 간식을 줍니다 ('해주세요' 교육이 잘되어 있다면 더욱 수월합니다). 앉은 자세를 잘 유지하면 간식을 조금 더 주고 다시 출발합니다. 이렇게 몇 번 가다 서다를 반복하면 강아지는 규칙을 이해하여 줄이 당겨지기 전에 보호자 곁으로 돌아옵니다. 옆에서 잘 걸으면 계속 보상을 줍니다. 열 걸음에 한 번, 스무 걸음에 한 번 무작위로 간식을 주면 강아지는 계속 보호자를 보며 걷게 될 겁니다. 그 이후에는 보상의 횟수를 줄이고 중간중간 칭찬으로 대체하면 됩니다.

→ **주의할 점** : 산책할 때 강아지가 앞으로 달려나가면 줄을 당기는 보호자가 많습니다. 줄을 당기는 것은 이리 오라는 신호가 아니라 더 달려나가라는 신호입니다. 강아지가 앞서 달려간다면 줄을 당기지 말고 마치 큰 나무처럼 꿈쩍 않고 서 있는 것이 가장 좋은 방법입니다. 보통의 강아지는 몇 번 당겨보다가 보호자가 꿈쩍도 하지 않으면 다시 돌아옵니다. 혹시 돌아오지 않고 보고만 있다면 그 자리에 가만히 앉으면 됩니다. 시간은 조금 더 걸리지만 이러면 거의 대부분 돌아오게 됩니다.

▲ 산책하다가 강아지가 앞서나가면 가만히 서서 이름을 부르고 강아지가 보호자 옆으로 와서 앉을 때까지 기다립니다. 그다음 간식을 눈 가까이 가져가 눈을 맞춘 뒤 칭찬하면서 간식을 주면 됩니다.

 **Key Point**

### 산책줄 선택하기

산책줄은 사람과 동물 모두의 안전을 위해 필요합니다. 복잡한 도시에서는 특히 그렇습니다. 산책줄은 크게 목에 하는 목줄과 가슴에 하는 하네스로 나뉘며, 초크체인처럼 조여드는 목줄은 건강에 심각한 위협이 되기 때문에 사용하지 않습니다. 산책줄에는 반드시 인식표를 달고 인식표에는 강아지의 이름과 보호자의 연락처를 적도록 합니다.

① 목줄
- **장점** : 강아지의 행동을 교정하는 데 수월하며 착용하기 쉽습니다.
- **단점** : 강아지가 심하게 달려나가거나 보호자가 갑자기 줄을 당기면 목이 졸려 신체 손상의 우려가 있습니다.
- **사용법** : 착용 시 손가락 한두 개 정도는 들어갈 수 있도록 여유를 둡니다. 어느 정도 교육이 되어 있는 강아지라면 무언가에 걸렸을 때 스스로 벗을 수 있을 정도로 여유를 두는 것이 안전합니다.

② 하네스
- **장점** : 강아지가 심하게 줄을 당겨도 안전합니다.
- **단점** : 앞으로 달려나가는 성질의 강아지는 제어하기 어려워 행동 수정에 도움이 되지 않습니다. 힘이 센 대형견의 경우에도 적합하지 않습니다.
- **사용법** : 산책 예절을 잘 지키는 강아지에게 적합합니다. 보통 양다리 사이에 끼우고 등 뒤에서 리드줄을 연결하는 형태입니다.

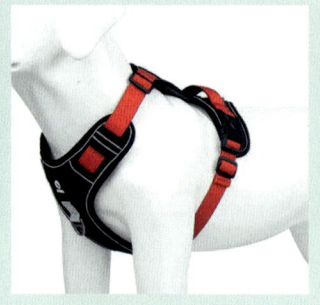

③ 젠틀리더(헤드 칼라)
- **장점** : 산만하고 쉽게 흥분하며 공격성을 보이는 강아지에게 사용하기 좋습니다. 목줄 형태가 아니어서 기도와 식도에 손상을 주지 않으며, 큰 힘을 들이지 않아도 행동을 제어할 수 있어 나이 든 사람이나 어린이도 쉽게 산책시킬 수 있습니다.
- **단점** : 코 부분을 조이기 때문에 콧등의 털이 빠지거나 입술을 씹어서 볼이 늘어져 보일 수 있습니다.

- **사용법** : 일반 목줄이나 하네스와는 달리 콧등으로 줄이 지나가고 턱 아래로 리드줄을 연결하는 구조입니다. 젠틀리더를 착용하면 강아지가 흥분해서 달려나가려고 할 때 줄에 의해 고개가 보호자 쪽으로 향하게 되기 때문에 주위를 돌릴 수 있고 물림 사고 역시 방지할 수 있습니다. 물론 젠틀리더는 입마개가 아니므로 착용하고도 물이나 밥을 먹을 수 있도록 여유를 두는 것이 필요합니다.

④ **리드줄**

리드줄은 목줄이나 하네스, 젠틀리더에 연결하는 줄을 말합니다. 금속이나 가죽으로 된 줄보다 나일론으로 된 줄이 더 가볍고 좋으며, 리드줄의 적정 길이는 소형견의 경우 1.5m 내외입니다. 대형견은 그보다 긴 줄이

▲ 몸에 두르는 리드줄 　　▲ 자동 줄

필요하지만 도시에서 산책할 경우 2m를 넘지 말아야 합니다. 자동 줄은 길이를 마음대로 조절할 수 있어서 공원과 같이 복잡하지 않고 위험 요소가 없을 때 사용하기에 좋지만, 다른 사람이나 강아지와의 돌발 상황에서는 줄이 꼬이거나 줄에 의해 손을 다칠 수도 있으므로 추천하지는 않습니다. 리드줄은 손목에 감거나 어깨나 허리에 두르는 방법으로 보호자의 몸 어딘가에 고정되어 있어야 줄을 놓치는 불상사를 막을 수 있습니다.

# 기본 교육 시기에 자주 보이는 질환 및 대처법

## 🐾 이물 섭취

이 시기는 주변의 환경과 물건에 호기심이 왕성한 시기이기 때문에 이물을 섭취해서 오는 경우가 많습니다. 이물의 종류는 머리카락, 실, 핀, 종이 등 다양합니다. 이물을 섭취한 경우 가급적 빨리 병원에 내원하여 X-ray를 통해 어떤 물질을 삼켰는지 확인합니다. 핀이나 동전 등 밀도가 높은 금속 물건은 쉽게 확인하여 조치할 수 있고, 플라스틱이나 나무, 천 등은 조영 촬영을 통해 확인할 수 있습니다. 머리카락이나 종이를 뜯어 먹거나 옷에 있는 보푸라기를 씹어서 먹는 경우 덩어리가 크지 않아 별 탈 없이 넘어가기도 하지만 이물의 크기나 위험도에 따라 구토 처치를 하거나 심한 경우 수술이 필요할 수도 있습니다. 강아지가 이물을 섭취하지 않도록 미리 바닥을 정리해 두는 것만으로도 위험을 줄일 수 있으니 어린 강아지일수록 각별히 신경 쓰도록 합니다.

##  Sunny's story

### 초콜릿을 한 봉지 통째로 먹은 써니

부끄러운 일이지만 써니가 9살 때 ABC 초콜릿 한 봉지를 통째로 먹은 적이 있었습니다. 딸아이가 먹고 싶다고 사 온 초콜릿을 잠시 식탁 위에 놔둔 사이에 꿀꺽한 것이었죠. 평소 써니는 아무리 먹고 싶어도 식탁 위의 음식에는 달려들지 않았기 때문에 방심했던 것이 패착이었습니다. 병원에서 딸아이의 전화를 받고 급히 써니를 데려와 구토시켰습니다. 이물을 먹었을 때는 종류에 따라서 빨리 배출시키는 것이 중요한 경우가 있는데, 초콜릿은 중독을 일으킬 수 있으므로 흡수되기 전에 빨리 배출시켜야 했습니다. 또한 써니는 하나씩 싸여 있던 초콜릿 비닐까지 함께 먹었기 때문에 더욱 빨리 구토 처치를 해야 했습니다. 정맥 라인을 장착하고 구토 주사를 놓으니 잠시 후 초콜릿과 비닐을 뱉어냅니다. 그런데 몇 개나 먹었는지 알 수가 없었기에 급히 써니가 먹은 초콜릿 봉지를 확인하고 같은 종류로 사 와서 개수를 세었습니다. 다행히 다 나왔더군요. 긴박했던 시간 뒤에 한숨을 돌리며 혼잣말 같은 하소연을 했습니다. "써니야! 맛있었니? 먹을 땐 좋았지? 그런데 이게 무슨 고생이니……" 약간의 원망 섞인 잔소리를 하고 수액을 투여했습니다. 다행히 써니는 덩치가 큰 편인데다 비교적 빨리 초콜릿을 뱉어냈기에 큰 문제 없이 회복했습니다. 지금 생각해도 아찔했던 하루였습니다.

▲ 써니가 먹은 초콜릿과 비닐

##  Key Point

### 초콜릿 중독

강아지에게 초콜릿은 독약과 같다는 이야기를 들어본 적이 있을 겁니다. 이런 이야기가 생긴 이유는 초콜릿에 함유된 테오브로민(Theobromine)과 카페인 때문입니다. 섭취 증상은 먹은 양에 따라 다르게 나타나며, 보통 코코아 파우더 〉 베이킹용 초콜릿 〉 다크초콜릿 〉 밀크초콜릿 순으로 위험도가 높습니다.

- **증상**

  적은 양을 먹은 경우 무증상부터 구토/설사 등의 소화기 증상이 주로 나타납니다. 허나 중증의 경우 심한 흥분 증상을 보일 수 있으며 과호흡이나 심장 박동 증가, 간 수치 상승, 경련, 발작에 이어 심하면 죽음에 이르기도 합니다.

- **치료**

  초콜릿 성분이 체내에 흡수되기 전에 가급적 빨리 구토 처치를 받는 것이 좋습니다. 1시간 이내가 가장 좋지만 늦더라도 발견 즉시 시도해 봐야 합니다. 구토 처치로도 충분히 배출되지 않을 경우 흡수를 방해하는 약을 먹이거나 수액 처치를 합니다. 증상에 따라 대증 치료 및 입원이 필요할 수 있습니다.

## 🐾 발가락 골절

어린 강아지의 경우 앞발이나 발가락 골절이 일어나기 쉽습니다. 강아지가 따라오는 줄 모르고 문을 닫다가 문 끼임 사고로 발가락이 골절되는 경우가 가장 많고, 소파나 침대에서 뛰어내리다가 어이없게 골절되는 경우도 있습니다. 골절을 방지하기 위해서는 어린 강아지일수록 관심을 기울이는 것은 물론 웬만하면 강아지 혼자 높은 곳에 두지 말고 침대나 소파 아래의 바닥을 푹신하게 해주는 것이 안전합니다.

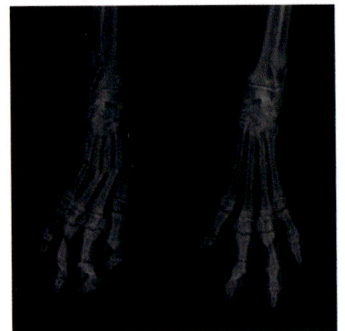

▲ 부러진 발가락

## 🐾 접종 과민 반응

어떤 접종이든 접종 후에 과민 반응을 보일 수 있습니다. 급성 과민 반응은 접종 후 즉시 또는 3~4시간 이내에 발생하는 경우가 많으나 더러는 1~2일 이내에 나타나기도 합니다. 증상으로는 눈이 붓거나 가려워지고 몸에 붉은 반점이 생깁니다. 얼굴이 창백해지면서 쇼크가 발생하는 경우도 드물게 있습니다. 이

▲ 접종 과민 반응으로 부어오른 눈

런 증상이 나타난다면 즉시 병원에 알린 후 치료를 받아야 합니다. 따라서 접종 후 약 15분 정도는 병원에 머무르며 상태를 확인하는 것이 좋고, 집에 도착해서도 3~4시간 동안 함께 있으면서 과민 반응 여부를 살펴보아야 합니다. 접종 후 다음 날까지는 심한 운동을 피하고 산책은 짧게만 시킵니다. 목욕은 접종 일주일 뒤에 하는 것이 좋습니다.

Chapter 3

# 청소년기(사춘기)

- 6개월 ~ 1살까지 -

01. 청소년기
02. 중성화 시기
03. 반려동물 등록 의무화

# 청소년기

개는 태어난 지 6개월 정도가 되면 사람의 사춘기와 비슷한 청소년기에 접어듭니다. 이 시기에는 이전에 괜찮았던 것에 두려움을 느끼거나 갑자기 화장실 실수를 하거나, 차분하던 개가 마구 짖기 시작하는 등의 이상 행동을 보일 수 있습니다. 이런 행동은 보호자를 당황스럽게 만들지만 그렇다고 해서 무조건 나쁜 것만은 아닙니다. 세상이 마냥 신기하고 아름답기만 하던 강아지 시기를 벗어나 주변 환경을 파악하고 경계하며 조심할 줄 아는 어엿한 성견으로 자라기 위한 과정이기 때문입니다. 하지만 가끔 이런 두려움이 공격성으로 나타나는 경우도 있기 때문에 지속적인 사회화 교육이 필요합니다.

## 🐾 꾸준히 이어져야 하는 사회화 교육

사춘기를 부드럽게 넘기기 위해서는 어릴 때부터 많은 대화를 하고 친밀감을 쌓는 것이 중요합니다. 그동안 쌓아둔 신뢰를 바탕으로 질풍노도의 시기를 슬기롭게 넘기는 것입니다. 개와의 관계에서도 마찬가지입니다. 보호자와 충분히 신뢰를 쌓고 사회화 교육도 꾸준하게 해 왔다면 그것을 바탕으로 그리 어렵지 않게 사춘기를 보낼 수 있습니다. 보통의 개들은 그동안 자신이 접해보지 못했던 것에 더 심한 경계심과 두려움을 가지는 경우가 많습니다. 사회화는 이런 두려움을 줄여주고 개들이 자신감을 잃지 않게 도와줍니다. 따라서 사회화 시기가 지났더라도 사회화 교육은 계속해야 합니다. 세상에 대한 긍정적인 경험이 많아질수록 경계심도 두려움도 줄일 수 있기 때문입니다.

▲ 사춘기 시절의 써니

### Sunny's story

**써니에게 사회화 가르치기**

써니를 키우면서 가장 신경 쓴 부분은 사회화 교육이었습니다. 다른 사람이나 동물과 좋은 관계를 이어나갈 수 있기를 바라는 마음에 매일 산책을 나가고 산책 중 만나는 다른 개들과도 인사를 나눴습니다. 써니는 매력적인 외모 덕분에 많은 사람에게 관심을 받았습니다. 관심을 보이는 분들에게는 써니에게 직접 간식을 줄 수 있도록 부탁드렸습니다. 덕분에 다양한 사람들과 접할 수 있었고 사람에 대한 좋은 기억을 많이 쌓을 수 있었습니다. 동네 개들이 많이 모이는 놀이터에서는 다른 친구들과 신나게 놀기도 했습니다. 물론 타고난 성격 탓에 먼저 다가가거나 살갑게 굴지는 않았지만 즐거워 보인 것은 분명합니다.

어릴 때까지만 해도 다른 개들과 잘 놀던 써니는 1살이 되면서부터 조금씩 다른 개들을 경계하기 시작했습니다. 공격을 하는 건 아니지만 거리가 가까워지면 긴장을 하고 상대 개가 짖으면 함께 짖기도 했습니다. 때로는 먼저 나서서 짖는 경우도 생겼습니다. 아마도 산책하며 만난 많은 개들이 신경질적으로 짖는 경우가 많아 자연스럽게 학습되었고, 친화적이지 못하고 소심한 성격이 이를 강화시킨 것으로 보입니다.

정기적으로 만나는 놀이 친구가 있었다면 조금 나았겠지만 그런 친구가 없던 것도 다른 개들과의 상호 관계가 어긋난 원인이었을 것입니다.

이렇듯 어릴 때 사회화 교육을 충분히 했다고 할지라도 자라면서 바뀔 수 있습니다. 원하는 모든 것을 경험하게 해 주는 것도 어렵지만, 원하는 경험만 하게 할 수도 없습니다. 다행히 써니는 자기의 안전거리 밖에 있는 개에게는 신경 쓰지 않습니다. 사람들의 손길을 좋아하지는 않지만 그래도 조용히 받아들여 줍니다. 지금도 산책은 아주 좋아합니다. 산책은 즐거운 일이기 때문에 혹여나 산책에서 다른 개가 짖는 등의 불쾌한 일이 있어도 참아낼 만한 것입니다. 사회화는 만점짜리 개를 만드는 것이 목적이 아닙니다. 보호자의 보살핌 아래 세상에 대한 긍정적인 경험을 쌓고 그 경험을 토대로 즐겁게 살아가도록 돕는 것입니다.

# 02

# 중성화 시기

청소년기에는 사춘기 이외에도 아주 커다란 이슈가 있습니다. 바로 중성화 수술을 하는 시기이기 때문입니다. 중성화 수술을 해야 할지 말아야 할지는 보호자가 선택합니다. 어떤 선택을 하든 중성화의 장단점을 충분히 이해한 뒤 최선의 결정을 내리도록 합니다.

## 🐾 중성화 수술

### •• 중성화 시기 ••

암컷은 6~7개월에 하는 경우가 일반적입니다. 연구 결과에 따르면 중성화 수술을 첫 발정 전에 하는 경우 유선 종양의 발생을 줄일 수 있지만, 요실금의 위험성은 조금 더 올라갈 수 있다고 알려져 있습니다. 수컷의 경우 이른 중성화가 요도의 직경을 줄여 배뇨 문제가 유발될 수 있다는 우려가 있지만, 이는 사실이 아닙니다. 하지만 너무 빨리 중성화 수술을 하는 것보다는 예방접종이 완료된 5~6개월 정도에 하는 것을 추천합니다.

## •• 중성화 수술의 장단점 ••

### ▶ 중성화 수술의 장점

암컷의 경우 생식기와 관련한 질병을 예방할 수 있습니다. 대표적으로는 자궁축농증, 난소낭종, 난소암, 자궁수종, 자궁점액종 등의 질환입니다. 또한 첫 발정 이전에 중성화 수술을 하면 유선 종양의 발생률이 획기적으로 줄어듭니다. 이런 질병들은 대부분 건강한 시기가 아니라 노령에서 나타나기 때문에 추후에 수술이나 치료에 부담을 갖게 되는 경우가 많은데, 미리 중성화를 한다면 이런 걱정에서 벗어날 수 있습니다. 수컷의 경우 영역 표시를 하거나 공격성 등의 행동 문제를 줄여줄 수 있고 포피염, 전립선 비대, 전립선 종양, 항문 주위 종양 등의 질병에 대한 예방 효과도 기대할 수 있습니다.

### ▶ 중성화 수술의 단점

수술 후에 살이 찔 수 있습니다. 살이 찌는 원인은 정확하게 밝혀지지 않았지만 아마도 호르몬이 관여하는 것으로 보입니다. 따라서 중성화 수술 후에는 원래 먹던 사료의 양보다 10% 정도 줄여서 주어야 체중을 유지할 수 있습니다.

## •• 수술 후 케어하기 ••

수술 부위를 핥지 못하게 하는 것이 가장 중요합니다. 보통 '엘리자베스 카라'라고 하는 플라스틱 넥카라를 씌우는 경우가 많지만, 스트레스를 줄이기 위해 요즘에는 도넛 형태의 넥카라를 사용하기도 합니다. 수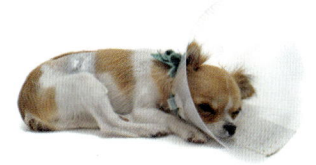술 이후에는 수술 부위에 물이 닿지 않도록 하고 처음 2~3일이 가장 통증이 심하므로 암컷의 경우 진통제를 사용하거나 복부에 압박 붕대를 해 주기도 합니다. 음식은 평소처럼 줘도 되지만 소화가 잘되는 부드러운 캔 음식을 주는 것이 좋습니다. 수컷은 7~10일, 암컷은 10~14일 후에 실밥을 제거합니다.

## •• 중성화 수술 때문에 성격이 변하기도 할까? ••

중성화가 성격을 변화시키지는 않습니다. 어떤 보호자들은 그동안 열심히 쌓아왔던 신뢰 관계를 망칠까 봐 걱정하기도 하지만 대부분은 보호자에게 더 의지하면서 잘 넘어가는 경우가 많습니다. 수컷의 경우 공격성이 덜해지기도 한다지만 피부로 느낄 정도로 변화가 심하지는 않습니다.

### Sunny's story

#### 써니 중성화 수술하던 날

의사가 자기 가족의 수술을 직접 하지 않는 것처럼 수의사들 역시 자신의 반려동물을 직접 수술하기를 꺼립니다. 저 역시도 써니 수술을 직접 하지 못해서 외과 전공의 지인 수의사에게 부탁했습니다. 병원을 운영하다 보면 중성화 수술을 꼭 해야 하냐는 질문을 많이 받습니다. 저 역시 고민이 되었습니다. 고민 끝에 제가 수술을 결정한 이유는 두 가지였습니다. 수의사로서의 이유는 건강 때문입니다. 오랫동안 건강하게 써니와 함께 지내고 싶고, 나이가 들어서 자궁이나 유선에 문제가 생기지 않길 바랐기 때문입니다. 보호자로서의 이유는 써니가 새끼를 낳으면 아무에게도 줄 수 없을 것 같았기

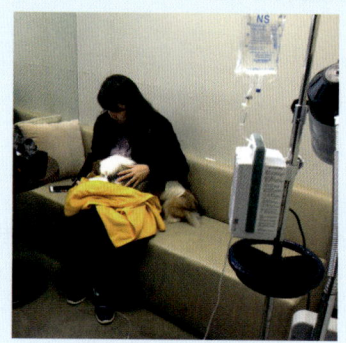
▲ 중성화 수술 대기 중인 써니

때문입니다. 써니에게서 새끼들을 뺏어서 다른 누군가에게 준다는 상상을 할 수 없었습니다. 중성화 수술을 하고 한참 뒤에는 써니를 닮은 새끼들이 있었으면 정말 예뻤겠다는 생각도 했지만, 후회는 하지 않습니다. 다행히 수술은 잘 되었고 써니는 금방 회복해 주었습니다.

# 반려동물 등록 의무화

우리나라는 2개월 이상의 반려견은 반려동물 등록이 의무화되어 있습니다. 사랑하는 가족인 반려견의 보호와 유실, 유기 방지를 위해 필수적인 과정입니다. 등록은 동물병원과 같이 지자체에서 지정한 기관에 방문하여 신청할 수 있으며, 만약 보호자의 정보를 변경해야 할 경우에는 등록한 기관 또는 '정부24'를 통해 온라인으로도 신청이 가능합니다.

## 마이크로 칩

반려동물 등록에서 가장 많이 사용하는 방법으로는 내장형과 외장형 두 가지가 있습니다. 내장형은 쌀알 크기의 무선전자개체식별장치(마이크로 칩)를 양측 견갑 사이에 삽입하는 것입니다. 체내에 직접

▲ 내장형 마이크로 칩

삽입하는 것이기 때문에 처음 삽입 시 통증이 있을 수 있으나, 분실 우려가 없으며 동물

을 잃어버렸을 때 가장 빠르고 정확하게 찾을 수 있다는 장점이 있습니다. 보통 중성화 수술 시에 함께 시술하면 통증 없이 내장칩을 삽입할 수 있습니다.

외장형은 목걸이나 인식표에 고유번호가 적혀 있는 외장칩을 달아 사용하는 것입니다. 고통 없이 손쉽게 착용할 수 있지만, 그만큼 분실의 우려가 크다는 단점이 있습니다.

▲ 외장형 인식표

Chapter 4

# 성년기
- 1살 ~ 7살까지 -

01. 성년기
02. 성년기에 자주 보이는 질환 및 대처법

# 성년기

개에게 성년기는 신체적으로 가장 활발하고 건강한 시기입니다. 면역계가 완성되어 어지간한 질병에 잘 견디고 신체 활력도 왕성하며 관절도 튼튼하기 때문에 야외 활동을 하거나 운동하는 데에 지장이 없습니다. 밖으로 나가 산책을 하고, 공원에도 가고, 짧은 여행을 다녀오며 추억을 쌓기에 가장 좋은 때입니다. 그러니 성년기에 이른 반려견과는 더 많은 시간을 함께 보내는 것이 좋습니다. 개들의 시간은 사람보다 빨리 흐릅니다. 나중에, 시간이 될 때, 여유 있을 때 하면 된다고 생각하고 미루다 보면 어느새 부쩍 느려지고 잠이 많아진 반려견을 보게 될지도 모릅니다.

## 🐾 성년기에 함께하면 좋은 활동

### •• 산책하기 ••

품종에 따라 강도나 시간은 다를 수 있지만 어떤 개라도 산책은 매일 해주어야 합니다. 특히 이 시기의 개에게는 더더욱 필요합니다. 산책은 개의 생애에서 가장 중요한 것

중 하나입니다. 보호자와 함께하는 즐거운 활동이기도 하지만 다른 동물들과 교류하고 세상도 구경하면서 스트레스도 풀 수 있는 시간입니다.

개는 산책을 하면서 다른 사람이나 동물들을 만나고 다양한 냄새를 접합니다. 개가 갑자기 멈춰 서서 냄새를 맡고 싶어 한다면 잠시 기다려 주세요. 기껏해야 30초 정도일 것입니다. 개는 냄새로 다양한 정보를 얻습니다. 다른 개의 소변 냄새로 언제 다녀갔는지, 어떤 음식을 먹었는지, 건강 상태가 어떤지까지도 알 수 있습니다. 마치 누군가가 남겨 놓은 편지를 읽는 것과도 같습니다. 또한 냄새를 맡으면서 정보를 분석하려 머리를 쓰고 스스로 생각하기 때문에 인지 능력도 향상됩니다. 그러니 어딘가로 빠르게 가야 하는 게 아니라면 산책할 때는 개의 속도에 맞춰 느긋하게 움직여 주는 것이 좋습니다. 산책하는 길은 매일 조금씩 변화를 주면 지루하지 않게 산책할 수 있습니다.

▲ 산책 중인 써니

•• **놀이하기** ••

놀이는 강아지 때만 해주면 되는 것이 아닙니다. 개들은 평생 어린아이처럼 놀고 싶어 합니다. 보호자와 함께 노는 시간의 소중함과 즐거움은 나이가 든다고 달라지지 않습니다. 따라서 장난감을 주고 혼자 놀게 하기보다는 함께 놀아주는 것이 좋습니다. 함께 하는 놀이가 더 재미있고 개도 행복해합니다. 이 시기는 신체적으로 가장 왕성한 시기이니 그만큼의 에너지를 소비할 수 있도록 충분히 놀아줍니다. 개들이 가장 선호하는 놀이는 공놀이와 터그(잡아당기기) 놀이입니다.

### ▶ 공놀이

공을 선택할 때는 반려견의 입 크기를 고려해 준비합니다. 공이 너무 작으면 삼킬 수 있고 너무 크면 물어올 수 없기 때문입니다. 공놀이는 넓은 공터나 잔디밭에서 하는 것이 가장 좋지만, 실내에서 해야 할 경우에는 매트를 깔아두고 하는 것이 안전합니다. 바닥이 미끄러우면 공을 잡으러 달려갈 때 미끄러지면서 관절에 무리가 갈 수 있고, 심한 경우 관절이 뒤틀리면서 탈구되는 경우도 있습니다.

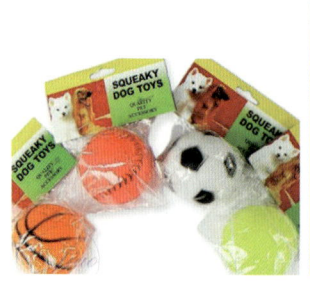
▲ 장난감 공

▲ 공놀이 중인 써니

### ▶ 터그(잡아당기기) 놀이

터그 놀이는 몇 가지 규칙만 잘 지키면 보호자와 반려견 모두 즐길 수 있는 놀이입니다. 좁은 공간에서도 즐겁게 놀 수 있어서 산책하지 못하는 날 실내에서 하기에 아주 적합합니다. 먼저 터그 놀이용 장난감을 준비합니다. 보통은 밧줄로 된 터그 전용 장난감을 많이 사용하는데, 만약 전용 장난감이 없다면 보호자와 반려견이 각각 양쪽을 잡고 있어도 충분할 정도로 길쭉한 장난감을 사용하면 됩니다. 놀이 방법은 간단합니다. 장난감을 던져 개가 물어오면 물지 않은 반대쪽을 잡아 줄다리기하듯 놀아주면 됩니다. 이때 너무 급격하게 방향을 꺾거나 거칠게 흔들면 목에 무리가 가니 주의합니다. 적당히 당기다가 '주세요'를 통해 놓게 하고, 놓으면 칭찬한 뒤 다시 던집니다. 중간중간 '주세요' 후에 간식을 주면 개가 더욱 즐겁게 놀이할 수 있으며, 너무 흥분한 것 같으면 잠시 앉게 하여 진정시켜 주는 것이 좋습니다.

> (TIP) 터그 놀이 방법은 [PART 2. 육아 시작하기 > chapter 2. 기본 교육 시기 > 5. 기본예절 교육 > 입질(무는 강아지) 방지 교육(85p)]을 참고합니다.

▲ 터그 놀이 전용 장난감

### ▶ 푸드 퍼즐

푸드 퍼즐은 간식을 숨길 수 있는 전용 장난감이나 천이 겹겹이 쌓여 있는 노즈워크 담요에 간식을 숨겨두어 개가 자연스럽게 후각을 사용하여 스스로 냄새를 맡고 생각하며 간식을 찾아 먹을 수 있게 고안된 놀이입니다. 푸드 퍼즐은 인지 자극에도 좋고 노력한 후에 보상을 받게 되는 것이므로 만족도도 높은 놀이입니다. 또한 보호자가 외출하는 것을 불안해하는 개에게 사용하면 좋습니다. 다만 퍼즐이 너무 어려우면 쉽게 흥미를 잃을 수 있으니 난이도를 적당히 조절해 주어야 합니다.

▲ 푸드 퍼즐　　　　▲ 노즈워크 담요

## ⋅⋅ 함께 여행하기 ⋅⋅

반려견과 함께 여행을 다니며 추억을 쌓아 봅니다. 이 시기는 견생에서 가장 활동적인 시기이기 때문에 새로운 장소에 도착했을 때 금방 적응하고 더욱 열심히 놀 것입니다. 시간이 없다는 핑계로 계속 미루다 보면 개는 금방 나이가 들어 함께 다니기 버거워합니다. 나중에 후회하지 않도록 가장 건강할 때 많이 다니길 추천합니다.

### ▶ 반려견 동반 여행에서 고려할 것들

반려견과 가는 여행은 사람과 가는 여행과 다를 수밖에 없습니다. 사람이 가는 여행에 반려견을 끼워서 간다는 생각은 버려야 합니다. 어떤 여행지를 택하든 반려견과 함께 걷고 돌아볼 수 있는 곳이어야 합니다. 그러기 위해서는 여행지의 관광지나 산책로에 반려견 출입이 가능한지 미리 확인해야 합니다. 예를 들어 순천만습지 내에는 반려견 출입이 허용되지 않지만, 근처에 반려견을 위한 놀이터가 운영 중입니다. 숙소를 고를 때도 마찬가지로 반려견 입실이 가능한지 살펴야 하며 단순히 잠을 자는 것 이외에 뛰어놀 수 있는 마당이 있는 장소면 더욱 좋습니다.

### ▶ 반려견 동반 여행에서 준비할 것들

여행지에서는 야외 활동을 병행하는 경우가 많습니다. 풀숲이나 잔디밭에는 진드기가 있을 수 있으니 여행 전에 외부 기생충 감염 예방을 위한 접종을 하는 것이 좋습니다. 최근에는 심장사상충과 외부 기생충 예방이 동시에 가능한 약들도 있어서 편리하며, 유난히 진드기가 많은 환경이라면 해충 기피 목걸이를 착용하는 것도 좋은 방법입니다. 새로운 장소에서 긴장하지 않도록 이동장도 챙겨갑니다. 이동장은 낯선 장소에서 반려견의 스트레스를 줄여주고 편안하게 쉴 수 있는 공간이 됩니다. 만약 이동장이 없다면 평소 즐겨 사용하던 방석을 챙겨도 좋습니다. 익숙한 소품을 통해 개가 안정을 찾을 수 있도록 도와주는 것이 중요합니다. 여행지에서는 쉽게 배탈이 날 수 있으니 평소 먹던 사료를 챙겨가고 특별히 좋아하는 간식도 가져갑니다. 밥은 평소에 먹던 것으로 주더라도 중간중간 특별한 간식을 주면 여행의 기쁨을 배가시킬 수 있습니다. 그 외에 산책할 때 필요한 목줄, 배변봉투, 물병을 챙기고 밥그릇/물그릇과 배변패드, 물티슈도 필요합니다. 밥그릇/물그릇은 접어서 휴대할 수 있는 제품도 있으니 잘 활용한다면 짐을 줄일 수 있습니다. 만약 반려견이 꾸준하게 먹는 약이 있다면 잊지 말고 반드시 챙기도록 합니다.

가볍게 살펴보았지만, 생각보다 많은 짐이 필요하다는 것을 느꼈을 겁니다. 각종 물건을 하나씩 따로 챙기다 보면 놓고 가는 물건이 생기기 쉽습니다. 반려견용 여행 목록을 작성하고 여행 가방을 따로 만들어 두어 확인하면서 챙기면 빠뜨리지 않고 가져갈 수 있습니다.

 **Sunny's story**

### 써니와의 안면도 여행

처음으로 써니와 함께하는 여행을 떠났습니다. 장소는 접근성과 자연 경관이 좋다고 알려진 안면도 해수욕장으로 정했습니다. 써니에게 바다도 보여주고 모래 위를 걸어보는 경험도 느끼게 해주고 싶었습니다. 장소를 정하고 근처 애견 펜션을 알아보니 개를 데리고 갈 수 있는 곳이 정말 없더군요. 애견 동반이 가능한 곳들도 10kg이 넘어가면 개가 너무 크다며 난색을 보였습니다. 반려동물과 여행을 계획하다 보면 자는 것부터 먹는 것까지 제약이 많습니다. 괜찮다던 곳들도 막상 가보면 이런저런 이유로 거부하기 일쑤입니다. 여행 전에 꼼꼼하게 숙소와 식당을 알아보지 않으면 난처해질 수 있으니 미리미리 준비해야 합니다. 그래도 지금은 8~9년 전에 비하면 애견 동반 펜션이나 식당, 카페도 많이 늘었으니 반려인들에게는 좋은 변화라 할 수 있겠습니다.

어렵게 숙소 예약을 하고 안면도로 향합니다. 서울에서 2시간 40분 거리로, 써니와 함께 이렇게 길게 자동차를 타는 것은 처음입니다. 중간에 휴게소에 들러 바람도 쐬고 소변도 봅니다. 날씨도 좋고 바람도 시원하게 불어주니 써니도 기분이 좋아 보입니다. 바닷가에 도착해서 모래사장으로 들어갔습니다. 제가 가니 써니가 마지못해 따라오지만, 모래의 까슬까슬한 감촉이 별로인 듯합니다. 처음 보는 바다의 광경에 제 다리 사이로 얼굴을 넣기도 했습니다. 써니는 뭔가 불안하면 제 다리 사이로 들어오는 버릇이 있거든요. 아빠 아래에 있으면 안심이 되나 봅니다. 바닷물을 느끼게 하고 싶어서 물가로 더 가까이 가니 따라오다 말고 가버리네요. 역시 써니는 새침한 도시 개입니다.

# 02 성년기에 자주 보이는 질환 및 대처법

## 🐾 성견의 건강 검진

현재 건강한 상태에 있다 하더라도 주기적인 건강 검진을 통해서 미처 모르고 있던 건강상의 문제를 발견하거나 검사 결과를 바탕으로 다음 한 해의 건강 관리 계획을 세울 수 있습니다.

### •• 주요 항목 ••

- **신체 검사** : 구강 검진, 검이경 검사, 피부와 털 상태, 피부 종괴 체크, 걸음걸이 등 확인
- **방사선 검사** : 흉부와 복부, 관절 등 확인
- **혈액 검사** : 전혈구 검사와 혈청 검사를 통한 빈혈, 염증, 고지혈증, 내부 장기의 이상 등 확인
- **소변 검사** : 소변의 색, 요스틱 검사, 비중 검사, 침사 검사 등을 통해 농축도와 염증 유무 확인

각 검사에서 이상이 발견되면 해당 증상에 대해 치료를 하거나 반복 검사 등을 통해 병의 진행 여부를 체크합니다. 식이 조절이나 환경 관리가 필요한 경우 검사 결과를 바탕으로 조절하고 계획을 세웁니다.

## ᆢ 연령별 건강 검진 프로그램 ᆢ

| 종류 | 설명 | 검사 내용(항목) |
|---|---|---|
| 건강 검진 Basic<br><br>(3~6세 추천) | 생애 첫 건강 검진 | 종합 혈액 검사<br>관절 검사<br>흉부 방사선 검사<br>소변 검사 |
| 건강 검진 Gold<br><br>(7~9세 추천) | 성견의 건강 검진 | 종합 혈액 검사<br>관절 검사<br>흉부 방사선 검사<br>소변 검사<br>신장 초기 검사<br>간 초음파 검사<br>항체 검사 |
| 건강 검진 Premium<br><br>(10세 이상 추천) | 노령견의 건강 검진 | 종합 혈액 검사<br>관절 검사<br>흉부 방사선 검사<br>소변 검사<br>신장 초기 검사<br>초음파 검사(복강 전체)<br>항체 검사<br>안과 검사<br>혈압 검사<br>심장 호르몬 검사<br>갑상선 호르몬 검사 |

※ 건강 검진 항목은 병원마다 다를 수 있습니다.

## 🐾 치과 질환

### •• 치주염 ••

　병원을 운영하면서 장수하는 개들을 보면 이빨이 튼튼한 경우가 많았습니다. 구강 건강은 생존에 가장 중요한 먹는 것과 관련이 있기 때문에 반려견의 건강과 수명에 매우 중요한 요소입니다. 치주염이 심해지면 염증이 구강 내에만 머무르지 않고 간이나 신장 등의 몸속 장기에도 퍼지게 되어 건강에 악영향을 주게 됩니다. 치주염은 누구나 언제든 생길 수 있으므로 양치질을 자주 하고 주기적인 구강 검진과 스케일링을 통해 열심히 관리해야 합니다.

### ▶ 치주염의 원인

　이빨 관리 미숙으로 인해 치석이 쌓이고, 쌓인 치석이 잇몸에 염증을 일으키며 발생합니다. 개체에 따라 어떤 개는 어린 나이임에도 쉽게 치석이 발생하고 염증이 생기며, 어떤 개체는 상대적으로 잘 안 생기기도 합니다.

### ▶ 치주염의 증상(치주염의 단계)

- **1단계** : 치은염. 잇몸의 경계가 붉어지고 염증이 생기며 이빨에 플라크가 쌓여 있습니다. 자세히 보면 잇몸에 세로로 붉은 줄(피아노 건반)이 생긴 것을 볼 수 있습니다. 이 단계에서는 치료하면 원래대로 돌아갈 수 있습니다.
- **2단계** : 초기 치주염. 잇몸이 붓고 들뜬 느낌이 나며 건드리면 피가 납니다. 염증에 의해 냄새가 나기 시작하는데, 이 단계에서는 치료하면 완전한 손상으로 가는 것을 막을 수 있습니다.

- **3단계** : 중기 치주염. 잇몸이 녹아서 내려가고 이빨 사이가 뜨기 시작하며 이빨이 흔들리기도 합니다. 냄새도 심해집니다.
- **4단계** : 말기 치주염. 잇몸은 더욱 내려앉고 만성적인 염증이 내부 장기에도 퍼져 건강에 영향을 미칠 수 있습니다.

▶ **치주염의 치료 및 예방**

이미 치주염이 발생한 경우 스케일링을 통해 치석 등의 원인을 제거한 후 치주염 약을 잇몸에 바르거나 한동안 내복약을 먹이는 것으로 치료할 수 있습니다. 하지만 이미 사라져 버린 잇몸은 재생되지 않으므로 예방하는 것이 더욱 중요한 질병입니다.

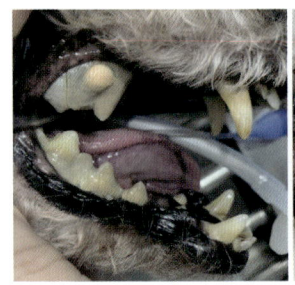
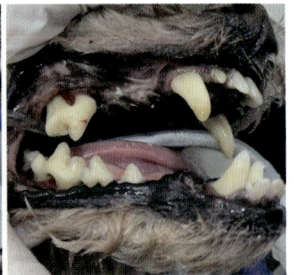

▲ 스케일링 전    ▲ 스케일링 후

치주염의 예방법으로는 꾸준한 양치질과 주기적인 스케일링이 있습니다. 특히 이빨 관리를 잘 해주고 있더라도 3살이 되면 구강 검진 후 스케일링을 해주는 것이 좋습니다. 눈에 띄는 치석이 없더라도 플라크가 누적되어 있으면 치주염이 시작되고 있을 수 있으니 특별히 아픈 곳이 없더라도 기본적인 마취 검사를 통해 간단한 건강 체크를 겸하여 스케일링하는 것을 추천합니다.

## 🐾 귀 질환

### •• 외이염 ••

외이염은 개에게 가장 흔하게 나타나는 질병 중 하나입니다. 바깥 귀와 고막이 일직선으로 연결되어 있는 사람과 달리 개의 귀는 직각으로 꺾여 있어 통풍이 어려운 구조로 되어 있고, 그 안에 모낭과 피지선이 있으므로 세균과 곰팡이가 더 쉽게 자랄 수 있기 때문입니다.

▶ **외이염의 원인**

외이염의 원인으로는 다양한 이유가 있습니다. 먼저 귀의 구조상 문제입니다. 개는 귓속이 ㄴ자 형태로 꺾여 있어 통풍이 어려우며, 수직이도는 귀지를 쉽게 배출하지 못하게 하고 좁고 구부러진 이도는 협착되기 쉽습니다. 귀 털이 이도를 막을 수도 있고, 귓속의 풍부한 분비샘으로 인해 귀지가

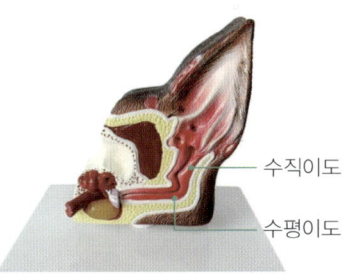

▲ 귀 단면도

과도하게 형성될 수 있습니다. 이 외에 아토피 질환이 있거나 음식 과민 반응이 있는 경우에도 외이염이 발생할 수 있는데 이런 내재 질환이 원인일 경우에는 치료 후에도 쉽게 재발할 수 있습니다. 하지만 다행히 중이는 고막에 의해 상대적으로 막혀 있는 구조라서 중이염 발생은 드문 편입니다.

▶ **외이염의 증상**

귀를 긁거나 터는 행동이 많아지고 냄새가 납니다. 피부가 붉어지거나 노란색이나 갈색의 귀지가 늘어났다면 외이염을 의심해 봐야 합니다.

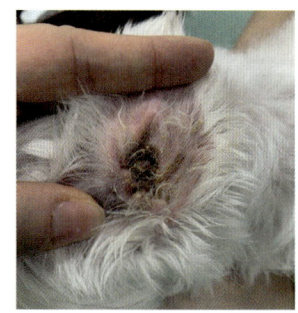

▲ 외이염이 있는 귀

▶ **외이염의 치료 및 예방**

외이염이 발생한 경우 원인에 따라 치료 방법이 다양합니다. 알레르기나 아토피가 원인인 경우라면 기저 질환에 대한 관리가 우선되어야 합니다. 귀지가 있다면 쌓이지 않도록 자주 청소해 주고 내복약과 귀에 넣는 약으로 치료합니다. 보통 3~4주 정도의 기간이 필요하며 완전한 치료를 위해 외관상 다 나아 보이는 시점으로부터 일주일을 더 치료합니다.

외이염의 예방 및 빠른 발견을 위해서는 자주 들여다보고 주기적으로 귀 청소를 해주는 것이 중요합니다. 귀가 늘어져 이도 입구를 가리는 품종의 경우 외이염이 더 쉽게 발생할 수 있으므로 더욱 신경 써야 합니다. 외이염이 발생했다면 집에서 하는 귀 청소만으로는 나아지지 않습니다. 하지만 귀 청소를 통해 귀지를 제거해 주는 것만으로도 외이염의 발생을 줄일 수 있고 외이염 치료를 받는 경우 치료 기간을 단축할 수 있습니다. 귀 청소는 1~2주에 한 번 목욕 후에 하는 것이 좋으며 올바른 방법으로 청소합니다. 잘못된 귀 청소는 오히려 외이염의 발생 원인이 될 수 있습니다.

### Key Point

**올바른 귀 청소 방법**

- **준비물** : 귀 세정제, 부드러운 솜
- **방법**

1. 부드럽게 귀를 잡고 귀 세정제를 귀 안에 충분히 넣어 줍니다. 찰랑찰랑할 정도로 넣어도 괜찮습니다.
2. 귀 입구 아래 수직이도 부분을 1~2분간 엄지와 검지로 마사지합니다.
3. 준비한 솜을 잘라서 귀 입구에 가볍게 넣은 후 몇 번 더 마사지하여 세정제와 분비물을 흡수시킵니다.
4. 개에게 귀를 털게 하고 남아 있는 세정제와 분비물을 솜으로 부드럽게 닦아 냅니다.
5. 이 과정을 두세 번 반복합니다.

※ 면봉은 표면이 거칠고 힘 조절이 어려워 세게 닦이는 경우가 많아 추천하지 않습니다.

## 🐾 피부 질환

개의 피부는 사람보다 표피가 절반 정도로 얇아 감염에 더 취약합니다. 또한 피부 표면의 산도(pH)도 사람과 다르기 때문에 사람이 쓰는 샴푸를 사용할 경우 피부염이 발생할 수 있습니다. 개에서 흔하게 볼 수 있는 피부 질환은 다음과 같습니다.

### •• 농피증 ••

농피증은 세균에 의한 피부 질환으로 사람의 여드름과 비슷하며, 개에게 볼 수 있는 가장 흔한 피부병 중 하나입니다. 보통은 피부 바깥층에 발생하는 표재성 농피증이 대부분이지만 드물게 진피까지 감염되는 심재성 농피증이 생기기도 합니다.

▶ 농피증의 원인

피부에 생기는 질병이기 때문에 털 관리를 잘못하거나 개에게 맞지 않는 샴푸를 사용할 때 발생합니다. 또한 영양이 부족해 면역력이 저하되거나 갑상선 기능 저하증, 부신 피질 기능 항진증과 같은 질병에 의해서도 생길 수 있습니다.

▶ 농피증의 증상

피부에 붉은 구진(여드름) 또는 농포가 생기고, 가려움증으로 인해 긁어서 상처가 나고 딱지가 생깁니다. 염증이 발생한 곳에 털이 빠지기도 합니다.

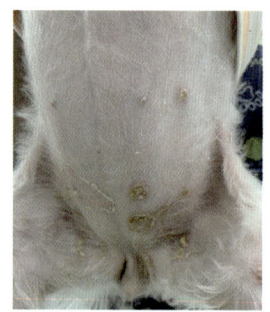

▲ 농피증 증상

▶ 농피증의 치료 및 예방

몸의 일부에만 몇 개의 구진이나 농포가 있고 가려움증이 적다면 소독약과 연고를 사용한 국소 처치를 할 수 있습니다. 일시적인 자극에 의한 농피증이라면 대부분 금방 좋아집니다. 하지만 피부 여러 곳에 농피증 증상을 보이고 가려움증도 심하다면 내복약과 함께 약용 샴푸를 권합니다. 치료 기간은 증상에 따라 다르지만 짧게는 몇 주에서 심재성 농피증의 경우 몇 달이 걸리기도 합니다. 쉽게 낫지 않는 농피증은 항생제 감수성 검사를 통해 적합한 항생제를 찾아 처방할 수도 있습니다. 만약 치료 후 쉽게 재발한다면 면역력 저하를 유발하는 갑상선 기능 저하증이나 부신 피질 기능 항진증과 같은 기저 질환을 감별하여 치료합니다.

예방법을 찾기 위해서는 생활 전반을 다시 한번 점검해 보아야 합니다. 사료에 함유된 영양 성분은 괜찮은지, 목욕을 너무 자주 하지는 않았는지, 피부가 건조하지는 않은지, 브러시가 너무 날카롭지는 않은지, 피부에 자극이 될만한 것과 접촉한 적은 없는지, 최근 스트레스를 받을 만한 일이 있었는지 등을 꼼꼼히 확인해 보고 조치합니다.

## •• 곰팡이 피부염 ••

곰팡이 피부염은 주로 피부사상균이라고 부르는 곰팡이 감염으로 인해 발생합니다. 피부사상균은 주변 환경이나 피부에 존재하고 있다가 면역력이 떨어지거나 감염될 만한 상황이 생기면 증식하여 증상을 보입니다. 어린 강아지나 긴 털을 가진 개는 염증이 발생할 확률이 높으며, 이미 감염된 다른 개로부터 전염될 수 있으나 건강한 피부를 가진 개라면 쉽게 감염되지 않습니다. 인수 공통 질병이기 때문에 반려견이 피부사상균증 진단을 받았다면 보호자도 감염되지 않도록 주의해야 합니다.

### ▶ 곰팡이 피부염의 원인

면역력이 떨어졌거나 털이 많고 긴 장모종의 경우 걸릴 확률이 높습니다. 또한 목욕 후 털을 충분히 말리지 않으면 마르지 않은 수분으로 인해 곰팡이 피부염에 걸릴 수 있습니다.

▶ **곰팡이 피부염의 증상**

가장 먼저 가려움증이 생기나 증상의 정도는 다양하게 나타납니다. 원형의 탈모와 둥근 모양의 발적이 생기고 발적의 가장자리에 각질이 있을 수 있습니다.

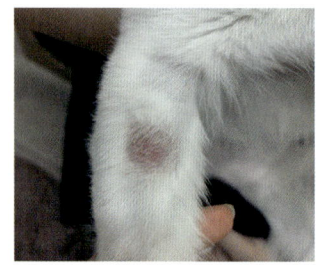

▲ 곰팡이 피부염 증상

▶ **곰팡이 피부염의 치료 및 예방**

배양 검사를 통한 확진 후 치료를 시작합니다. 배양 검사는 탈모 부위의 털을 뽑아 배지에 심고 1~2주 후에 결과를 보는 검사입니다. 피부사상균으로 인한 곰팡이 피부염이라 진단되면 항진균제를 먹입니다. 항진균제는 한 달 이상 먹여야 하며, 밖으로 보이는 증상이 사라지고 나서도 일주일은 더 먹이는 것이 좋습니다. 눈으로 보기에 다 나았다고 생각해서 치료를 빨리 중단할 경우 쉽게 재발할 수 있으며 이런 경우 처음부터 다시 치료를 시작해야 합니다. 항진균제는 음식과 함께 먹일 때 효과가 더 좋으므로 음식에 섞어 먹이고, 국소 연고와 항진균 샴푸를 함께 사용하면 치료 기간을 줄임은 물론 전염도 예방할 수 있습니다.

전염성이 있는 질병이기 때문에 함께 사는 반려동물이 있다면 격리해서 치료하는 것이 원칙이며, 연쇄적으로 감염이 일어날 수 있으므로 동거 동물도 함께 검사를 받도록 합니다. 그다음 집 안에 털이나 각질이 남아 있지 않도록 깨끗이 청소하고 바닥은 물과 락스를 1:1 비율로 섞어 소독합니다.

## •• 식이 알레르기 ••

식이 알레르기는 특정 음식이나 음식 첨가제에 대해 과민 반응을 보이는 것을 말합니다. 보통은 음식을 섭취한 즉시 나타나는 경우가 많지만 몇 시간 혹은 며칠에 걸쳐 잠복기를 거치거나 지연되어 나타나기도 합니다.

### ▶ 식이 알레르기의 원인
알레르기를 유발하는 음식이나 음식 첨가제를 섭취했을 때 발생합니다.

### ▶ 식이 알레르기의 증상
음식과 관련이 있으므로 계절과 관계 없이 가려움증이 나타날 수 있고, 피부 증상과 소화기 증상이 동시에 발생합니다. 피부 증상으로는 주로 발, 귀, 입 주변, 서혜부, 항문 주변에 구진(여드름), 긁은 상처, 색소 침착, 외이염 등이 나타나고, 소화기 증상으로는 구토와 설사 등이 생깁니다.

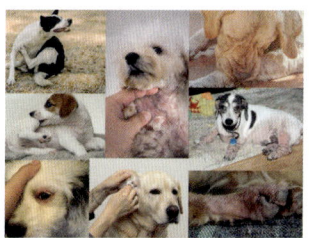

▲ 식이 알레르기 증상

### ▶ 식이 알레르기의 치료 및 예방
식이 알레르기는 진단이 매우 어려운 질병입니다. 확실한 진단 검사가 없고 다른 알레르기나 피부 질환에 의한 증상과 차이점이 뚜렷하지 않기 때문입니다. 그러므로 식이 알레르기 진단에 앞서 아토피 피부염, 접촉성 과민증, 기생충, 모낭염, 말라세지아 같은 가려움증을 유발하는 질병들에 대한 감별이 우선되어야 합니다.

식이 알레르기를 유발하는 음식을 알아보는 시험(Food elimination test – 식이 제거 시험)을 하여 어떤 음식에서 알레르기가 발생하는지 확인해야 합니다. 만약 2차성 농피증이나 외이염, 말라세지아 피부염이 있다면 먼저 치료해야 하고, 추가적인 질병이 생기지 않도록 외부 기생충 예방을 철저히 합니다. 정확한 원인을 찾을 때까지 저알레르기 사료를 급여하고 일체의 간식을 끊도록 하며, 가려움증 완화에 도움이 되는 오메가3 영양제를 먹이도록 합니다.

 **Key Point**

### Food elimination test – 식이 제거 시험

식이 알레르기를 유발하는 음식을 알아내는 방법입니다. 우선 현재 있는 임상 증상을 개선하고 문제가 되는 알레르기 유발 물질을 제거하기 위해 8~12주 동안 저알레르기 사료만을 급여합니다. 저알레르기 사료는 여러 업체에서 다양하게 나오니 골라서 먹이면 되지만, 이 기간에는 간식을 주어서는 절대 안 됩니다. 사료를 바꾸고 8주 이상이 지났는데도 증상이 개선되지 않는다면 다른 사료로 바꾸어 다시 시도합니다. 만약 8주 이후에 증상이 개선되었다면 진단을 확정하기 위해 이전 사료를 다시 급여해 봅니다. 이전 사료를 급여하면 보통 1~2주 이내에 다시 증상이 나타납니다. 증상이 나타나면 다시 저알레르기 사료를 급여하여 증상을 개선시킵니다. 이후부터는 한 종류씩 음식을 급여하며 알레르기를 유발하는 음식을 찾으면 됩니다.

이 방법은 시간이 오래 걸리는 단점이 있으나 알레르기 유발 음식을 찾아내면 그 다음부터는 식이 알레르기에 의한 피부 질환을 걱정하지 않아도 됩니다. 물론 알레르기를 유발하는 음식은 평생 피해야 하니 완치된 다음에도 항상 주의하도록 합니다.

## •• 말라세지아(Malassezia) 피부염 ••

말라세지아 곰팡이에 의한 피부염을 말합니다. 말라세지아는 개의 귀, 입술, 직장, 발가락 사이 등에서 흔하게 발견되는 상재 곰팡이로, 평소에는 괜찮지만 증식할 만한 환경이 만들어지면 수가 늘어나면서 질병을 유발하게 됩니다.

▶ **말라세지아 피부염의 원인**

온도와 습도가 상승하면서 평소 피부에 존재하고 있던 말라세지아 균이 과하게 증식하며 나타납니다. 여름처럼 덥고 습한 날씨가 이어지거나 피부에 주름이 잡혀 통풍이 잘 되지 않는 환경일 때 쉽게 증식하며, 면역력 저하나 피지의 양과 성상을 변화시키는 호르몬의 변화 때문에 발생하기도 합니다. 어떤 개들의 경우 적은 수의 말라세지아 균에서도 심한 증상을 보일 수 있습니다.

▶ **말라세지아 피부염의 증상**

가려움증이 계속되고 꼬리꼬리한 곰팡이 냄새가 납니다. 피부는 기름지면서 붉어지고 만성이 되면 색소 침착과 태선화(피부가 두꺼워지고 주름이 생기며 착색되는 상태)를 보입니다. 말라세지아가 발톱에 감염되면 발톱이 적갈색으로 변하거나 왁스와 같은 삼출물이 생길 수 있습니다.

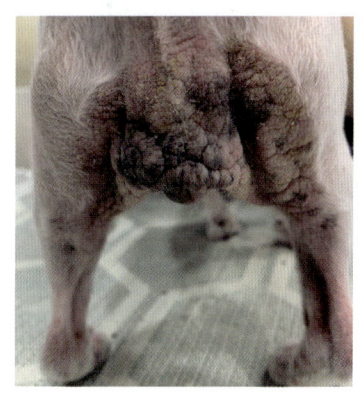

▲ 말라세지아 피부염 증상
코끼리 피부처럼 보이는 것이 특징입니다.

### ▶ 말라세지아 피부염의 치료 및 예방

병변 부위 분비물을 슬라이드 글라스에 얇게 펴서 현미경으로 검사(도말 검사)하는 방법을 통해 말라세지아 균을 확인합니다. 병변 부위가 국소적이라면 약용 샴푸와 세정제로 관리할 수 있으나 병변 부위가 넓다면 항진균제를 4~8주간 복용해야 합니다.

예방법으로는 말라세지아 균이 쉽게 증식하지 못하도록 온도와 습도를 낮추고 피지를 제거해 주어야 하며, 재발이 잦다면 3~4일 간격으로 약용 샴푸를 사용합니다. 면역 문제로 증식되는 경우가 많으므로 중성화 수술을 해주는 것도 좋습니다.

**Key Point**

### 약용 샴푸 & 세정제 관리법

- **약용 샴푸**

약용 샴푸는 항진균 샴푸를 사용합니다. 일주일에 2~3회, 한 번에 10~15분 정도 마사지하면서 씻어주면 좋습니다. 만약 피부가 너무 기름지다면 과도한 기름기를 제거해 주는 샴푸가 도움이 됩니다.

- **세정제**

세정제는 재발을 막고 꾸준히 관리할 목적으로 사용하며 M/O 세정제가 효과적입니다. 거즈에 세정제를 묻힌 다음 염증 부위에 대고 한쪽 방향으로 쓸어내듯 닦아주면 되는데 증상이 심할 때는 하루 두 번 닦아주고 점차 나아지면 이틀에 한 번으로 줄입니다. 사용 후 식초 냄새가 날 수 있으며 피부가 살짝 붉어질 수 있습니다.

## •• 아토피 피부염 ••

아토피 피부염은 유전적 소인으로 심한 가려움증을 유발하는 질병입니다. 약 10% 정도의 개가 이 병으로 고생하고 있으며, 다양한 외부 환경이나 물질에 대해 과민 반응을 보이기 때문에 진단이나 관리가 까다로운 질병입니다.

### ▶ 아토피 피부염의 원인

꽃가루와 같은 환경 알러젠(Allergen : 알레르기를 유발하는 물질)이나 음식 알러젠에 의해 나타날 수 있으며 특히 꽃가루 알러젠은 계절성 알레르기를 일으키는 원인으로 알려져 있습니다. 각각의 알러젠에 노출되면 누적 효과로 인해 증상이 더 심해질 수 있으며, 주로 6개월에서 6년령 사이에 발생하고 초기 증상은 1~3년령 사이에 보입니다. 아토피 피부염에 취약한 품종으로는 리트리버, 샤페이, 불도그, 코커 스패니얼, 시츄, 몰티즈 등이 있습니다.

### ▶ 아토피 피부염의 증상

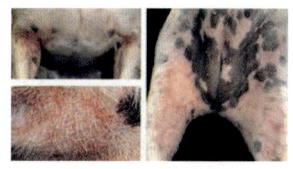
▲ 아토피 피부염의 증상

알레르기성 염증이나 홍반이 생기기도 하고, 특별한 피부 증상 없이 가려움증만 보일 수도 있습니다. 가려움증을 보이는 부위로는 발, 옆구리, 서혜부, 겨드랑이, 입과 눈 주위, 귀 등이 있으며 해당 부위를 핥거나 문지르고, 긁거나 씹는 증상을 보입니다. 많이 핥는 부위는 털 색이 갈색으로 변하고 비듬이나 탈모가 생길 수 있으며, 피부가 두꺼워지고 거칠어지는 태선화 증상이 나타날 수 있습니다. 심한 경우 농피증이나 말라세지아 피부염, 외이염 등이 나타납니다.

▶ **아토피 피부염의 치료 및 예방**

아토피 피부염 자체는 유전적 질환이기 때문에 완벽히 치료할 수 있는 방법은 없습니다. 다만 2차 감염인 농피증, 외이염, 말라세지아 등이 발생했을 때는 대증 치료를 하는 것으로 염증과 가려움증을 줄일 수 있습니다. 특히 발적과 가려움증은 쉽게 재발할 수 있으니 장기적이고 지속적인 치료가 필요합니다. 가려움증 및 염증을 조절하기 위해서 다양한 약을 사용하는데, 스테로이드와 같은 일부 약의 경우 장기간 사용하면 부작용이 생길 수 있으므로 담당 수의사와 함께 관리 방향을 충분히 상의하는 것이 중요합니다. 최근에는 가려움증을 줄여주면서도 부작용이 비교적 적은 약들도 나오고 있어서 충분한 치료와 관리가 이루어진다면 예후는 좋은 편입니다. 집에서 할 수 있는 치료법으로는 보습 효과가 좋은 샴푸와 컨디셔너를 사용하는 것입니다. 2차 감염이 있다면 약용 샴푸를 통해 치료할 수 있고 보습 스프레이를 사용하는 것도 좋습니다. 또한 오메가3에는 항염 효과와 가려움증 감소 효과가 있으므로 지속적으로 영양제를 복용하는 것도 권장합니다.

아토피 피부염은 2차 감염이 발생하기 전에 미리 예방하는 것이 가장 좋습니다. 환경 알러젠이 있다면 관련 알러젠 접촉을 최대한 줄여야 합니다. 공기청정기를 사용하거나 방석이나 침구류를 자주 세탁하고 햇볕에 말려 깨끗한 환경을 만들어야 하며, 집 안의 습도를 40% 이하로 유지합니다. 집 밖의 환경에 알러젠이 있을 수 있으니 정기적으로 외부 기생충을 예방하고, 음식 알러젠이 있다면 당연히 그 음식은 피하도록 합니다. 아토피 피부염은 평생 치료해야 하는 질병입니다. 하지만 장기적인 계획을 세워서 치료하고 관리하면 반려견의 삶의 질은 훨씬 높아질 것입니다.

## •• 발 피부염 ••

발 피부염은 발이나 발바닥에 생긴 피부염을 말합니다.

### ▶ 발 피부염의 원인

세균이나 곰팡이 감염, 알레르기, 아토피, 음식 과민 반응 등으로 생길 수 있으며, 전신 면역 매개성 질환이나 갑상선 호르몬 이상, 부신 피질 호르몬 이상의 증상으로도 발생합니다. 거친 바닥에 긁히거나 과열된 클리퍼를 사용했을 때, 또는 산책 시 발바닥에 풀씨와 같은 이물이 박혀 생기기도 합니다.

### ▶ 발 피부염의 증상

발이 빨갛게 부어오르고 심하게 핥는 것이 주요 증상입니다. 원인에 따라 증상이 조금씩 다르기도 하는데, 알레르기가 원인인 경우 발바닥보다 발등을 더 가려워하고 접촉성인 경우 발바닥을 더 가려워합니다. 면역 매개성 질환의 경우 궤양이 생기거나 물집이 잡힐 수 있고 이로 인해 딱지가 생기기도 하며, 발적·염증과 함께 농포가 있는 2차성 병변은 호르몬 문제일 가능성이 큽니다. 풀씨와 같은 이물이 박혀 있을 경우 지속적인 염증과 함께 통증 반응이 나타납니다. 만약 네 발 중 하나에만 결절(혹, 덩어리)이 생겼다면 종양일 수도 있으니 빠르게 병원에 방문하도록 합니다.

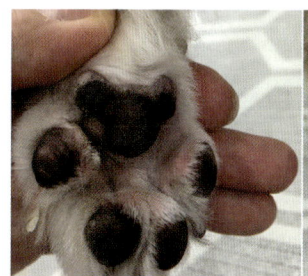
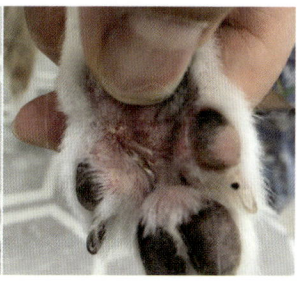

▲ 발 피부염

▲ 풀씨

▶ **발 피부염의 치료 및 예방**

발 피부염의 잠재적 원인을 먼저 확인한 뒤 원인에 대한 치료를 병행합니다. 알레르기나 면역 매개에 의한 발 피부염은 완전히 치료되지 않을 수 있으니 장기적으로 관찰해야 하며, 족욕이나 소독제, 약용 샴푸 등을 사용해 증상이 심해지지 않도록 관리합니다. 풀씨가 박혀 문제를 일으키고 있다면 수술을 통해 제거해 주어야 합니다. 만약 국소 관리로 해결되지 않을 경우 내복약을 병행할 수 있습니다.

**Key Point**

**족욕(침지) 방법**

1. 37~40℃의 미지근한 물에 엡솜 솔트를 넣어 희석합니다. 대략 4L에 1컵(족욕통에 50~100g) 정도 분량으로 넣으면 됩니다.
2. 발을 담그고 10분 정도 유지합니다.
3. 깨끗하게 헹궈낸 뒤 잘 말립니다.
4. 증상에 따라 하루에 세 번까지 반복합니다.

※ 엡솜 솔트 : 마그네슘, 황, 산소로 구성된 화합물입니다. 소금을 뜻하는 '솔트(Salt)'라는 단어 때문에 오해할 수 있지만 진짜 소금은 아닙니다. 엡솜 솔트에는 마그네슘이 풍부해 치유 및 영양소 보충 효과가 있습니다. 단, 외용제로 사용할 경우에만 안전한 것이니 섭취하지는 않도록 합니다.

## 🐾 소화기 질환

### •• 위염 ••

위염은 위 점막에 생기는 염증으로 갑자기 발생하는 급성 위염과 오랜 기간 증상을 보이는 만성 위염으로 나눌 수 있습니다.

▶ **위염의 원인**

주로 잘못된 음식의 섭취로 인해 발생합니다. 익히지 않은 날음식, 상한 음식, 독성이 있는 풀, 독소나 곰팡이 등이 해당되며, 보호자가 먹던 음식을 주거나 남은 음식을 훔쳐 먹는 경우에도 발생할 수 있습니다. 물론 과식도 원인이 됩니다.

▶ **위염의 증상**

구토와 식욕 부진이 가장 흔한 증상입니다. 여기에 복통과 무기력증을 보일 수 있으며 물을 많이 먹거나 드물게 구토물에 혈액이 섞이기도 합니다.

▶ **위염의 치료 및 예방**

독성을 가진 음식을 먹었을 때는 곧바로 병원에 방문해야 하지만, 독소가 아닌 음식 자극에 의한 일시적인 위염은 하루 정도 금식하는 것만으로도 회복되는 경우가 많습니다. 이때 탈수를 방지하기 위해 금식하는 동안에도 물은 소량씩 자주 급여합니다. 하루 정도 지나서 구토가 없어졌다면 물에 충분히 불린 사료나 소화가 잘되는 처방식 캔을 소량 급여하기 시작합니다. 상태를 확인하면서 며칠에 걸쳐 사료의 양을 조금씩 늘려 평소 먹는 양으로 돌아오면 회복되었다고 볼 수 있습니다. 하지만 구토가 계속되거나 식욕부진이 동반되는 경우에는 병원에 방문해서 치료를 받도록 합니다.

 **Sunny's story**

### 산적 꼬치를 훔쳐 먹은 써니

명절이 되어 본가에 내려갔을 때의 일입니다. 명절이면 저희는 가족들이 바닥에 둘러앉아 도란도란 이야기를 나누면서 전을 부칩니다. 써니가 식탐이 많기는 해도 사람이 있을 때는 절대 음식에 달려들지 않기 때문에 특별히 걱정하지 않았습니다. 동그랑땡, 생선전, 두부전, 산적 꼬치 등 다양한 전을 부치고 정리하느라 잠시 한눈을 판 사이 써니가 산적 꼬치를 덥석 물고는 꿀꺽 삼킵니다. 먹을 거면 차라리 생선전을 먹지, 하필 산적 꼬치를 먹는 바람에 꼬치에 있는 기다란 이쑤시개까지 함께 삼켜 버리고 말았습니다. 이 상황에서는 명절이 중요하지 않습니다. 부모님께는 죄송하지만 당장 써니를 들쳐 업고 서울로 올라갔습니다.

다행히 후배가 명절에도 영업한다고 하여 병원으로 달려가 내시경을 했습니다. 내시경을 보니 이쑤시개는 위벽을 긁고 이미 장으로 내려갔습니다. 이제 선택을 해야 합니다. 바로 수술을 할 것이냐, 아니면 변으로 나오길 기다려 볼 것이냐. 우리는 써니가 덩치가 작은 편이 아니니 변으로 나올 가능성이 있다고 판단하고 기다려 보기로 합니다. 물론 구토나 식욕 부진 등의 이상이 나타나면 바로 수술할 생각도 하고 있었습니다. 변 양을 늘려야 하기에 사료를 평소보다 조금 더 주었더니 눈치 없는 써니는 좋아하더군요. 다행스럽게도 이쑤시개는 이틀 만에 변으로 나왔습니다. 가슴을 쓸어내리는 순간이었습니다. 아주 운이 좋았죠. 하지만 앞으로는 써니의 인내심을 믿지 않기로 했습니다.

 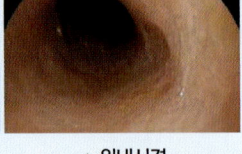

▲ 산적 꼬치    ▲ 위내시경

*"써니는 앞으로 전 1m 내로는 접근 금지야."*

## •• 담낭 슬러지 ••

담낭은 흔히 쓸개라고 불리는 소화 기관의 한 부분으로 음식의 소화에 도움을 주는 담즙을 저장하고 농축하는 주머니 모양의 장기입니다. 담낭 슬러지는 이 담즙이 여러 찌꺼기로 인해 끈적해지면서 침전되는 것을 말합니다.

### ▶ 담낭 슬러지의 원인

고지방 식이나 과식을 자주 하는 경우 나이가 들어 담낭에 찌꺼기가 쌓이거나 운동 부족으로 생길 수 있으며, 유전적 요인이나 간 질환 등에 의해서도 발생할 수 있습니다.

### ▶ 담낭 슬러지의 증상

구토, 설사, 소화 불량, 복통, 황달, 기력 부진 등이 나타날 수 있습니다.

### ▶ 담낭 슬러지의 치료 및 예방

담낭 슬러지의 형태와 증상에 따라 치료 방법이 다릅니다. 담낭 슬러지가 있다고 모두 수술이 필요한 것은 아닙니다. 심하지 않다면 약물과 식이 요법 등으로 내과적 치료를 하고, 담낭 파열이나 담관 폐색이 있는 경우에는 수술로 담낭을 제거합니다. 담낭에 슬러지가 발견되면 기본적인 내과 처치와 함께 저지방 식이로 교체하고 과식을 피해야 합니다. 또한 적절한 운동 및 정기적인 검사로 진행 여부를 파악하는 것이 좋습니다.

▲ 담낭

▲ 슬러지로 가득 찬 담낭

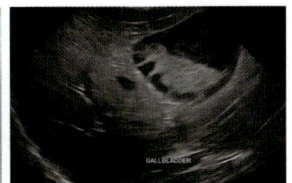
▲ 담낭 슬러지 초음파

 **Sunny's story**

### 써니의 담낭 절제 수술

담낭은 다른 말로 쓸개라고 합니다. 우리나라에서는 쓸개를 '담'이라고도 하죠. 그래서 쓸개가 크거나 단단하면 용기 있는 사람이라고 하고, 반면에 쓸개가 없는 사람은 겁이 많고 소심한 사람을 뜻하는 말로 쓰입니다. 이런 내용으로 비추어보아 써니는 원래 쓸개가 안 좋았던 것은 아닌가 싶습니다. 어렸을 때부터 겁이 많기도 했지만 쓸개를 제거하고 나서는 더 소심한 겁쟁이가 되었거든요.

써니는 6살 즈음에 갑자기 이유 없이 구토하기 시작했습니다. 이유를 검사하는 도중에 담낭에 슬러지가 많음을 알게 되었고 고민 끝에 수술로 담낭을 떼어냈습니다. 써니가 힘들까 봐 아주 걱정했는데 걱정하는 제 마음을 알았는지 수술한 그날 밤 많이 아팠을 텐데도 처방식 캔을 게 눈 감추듯 먹어치우더군요. 잘 먹는 써니를 보니 안심이 되었습니다. 보호자이면서 수의사인 저도 일단 밥을 잘 먹으면 괜찮아 보여 안도하게 됩니다.

*"써니야! 앞으로도 계속 잘 먹었으면 좋겠어. 너는 먹을 때 제일 예쁘거든."*

## •• 대장염 ••

대장 점막에 생긴 염증으로 대장성 설사를 일으키는 질환입니다.

### ▶ 대장염의 원인

대장염의 원인은 아주 다양합니다. 기생충, 세균, 곰팡이 등에 감염되거나 이물이나 변비로 인해 대장 점막이 손상되어 나타납니다. 중독 물질을 먹었거나 고지방 식이로 인해서도 발생하는데 이 중 고지방 식이로 인한 대장염이 가장 흔한 원인입니다. 그밖에 만성 췌장염에 의한 2차성 대장염이나 음식 과민증에 의해서도 나타날 수 있습니다.

### ▶ 대장염의 증상

전형적인 증상으로는 대장성 설사가 있습니다. 혈액이 섞인 점액 변을 본다거나 적은 양의 묽은 변을 자주 봅니다. 반대로 대변을 보려 자세를 잡지만 잘 나오지 않기도 하고, 간혹 구토가 동반되기도 합니다.

### ▶ 대장염의 치료 및 예방

대장염은 원인을 찾아 치료하면 대부분 예후가 좋은 편입니다. 항생제와 함께 소화기 약물 등으로 치료해야 하므로 반드시 병원에 방문해야 하며, 특히 수액 요법은 치료에 큰 도움이 됩니다.

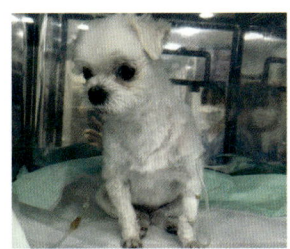

▲ 수액 맞는 중

## 🐾 호흡기 질환

### •• 기관 허탈(기관 협착증) ••

기도를 지탱하고 있는 연골이 탄력을 잃어 형태를 유지하지 못하면서 기관이 좁아지는 질환을 말합니다. 소형견과 단두종에서 많이 보이지만 6~8세의 비만견이나 연구개가 늘어진 노령견에서도 나타날 수 있습니다. 요크셔테리어, 치와와, 포메라니안, 페키니즈, 몰티즈, 푸들, 퍼그 등의 품종에서 많이 발생합니다.

### ▶ 기관 허탈의 원인

아직 정확하게 밝혀지지는 않았지만, 유전적인 원인과 후천적인 원인이 모두 있는 것으로 보입니다. 소형견과 단두종에서 많이 발생하는 것은 유전적인 영향으로 생각되는

데, 특히 단두종의 경우 좁아진 콧구멍으로 인한 호흡 곤란이 기관의 피로를 유발하여 협착증이 생길 수 있습니다. 후천적인 원인으로는 비만으로 인한 환기 용적의 감소, 기관 연골의 석회화로 인한 탄력성 저하, 만성 기관지염과 기관 연골의 퇴행성 변화가 원인입니다.

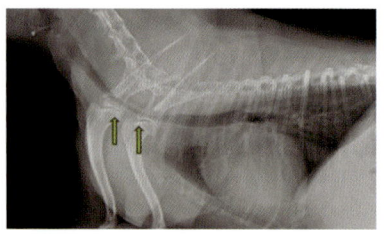
▲ 화살표로 표시된 부분이 기관지가 좁아진 상태

▶ 기관 허탈의 증상

기관지가 좁아졌기 때문에 노력성 호흡을 보입니다. 흥분하거나 운동 중에 또는 밥을 먹거나 목줄을 당길 때 거위 울음소리를 내며, 혀가 파래지는 청색증을 보이기도 합니다. 숨을 가쁘게 쉬기 때문에 호흡수 증가로 인해 체온이 올라갈 수 있습니다.

▶ 기관 허탈의 치료 및 예방

비만이 원인이라면 체중 감소가 필수적입니다. 체중을 줄이는 것만으로도 충분히 좋아질 수 있습니다. 호흡 곤란에 기침을 동반하는 경우라면 기침에 대한 치료를 함께 받아야 하고, 청색증을 보인다면 산소방(네블라이저) 입원이 필요할 수 있습니다.

▲ 네블라이저 치료 중

## 🐾 관절 질환

### •• 슬개골 내측 탈구 ••

무릎은 대퇴골과 경골이 만나는 부위이며 슬개골은 뒷다리 대퇴골의 활차홈에 위치하여 무릎의 움직임에 중요한 역할을 하는 뼈입니다. 슬개골 내측 탈구는 원래 슬개골이 있어야 하는 위치인 활차홈에서 몸 안쪽 방향으로 벗어난 상태를 말합니다. 몰티즈, 푸들, 포메라니안, 치와와, 요크셔테리어 등 실내에서 생활하는 소형견에게서 많이 발생합니다.

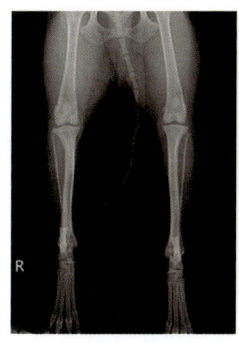
▲ 정상 슬개골

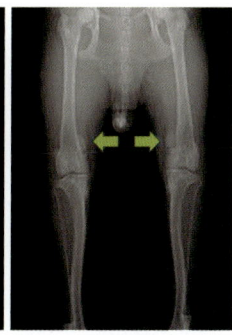
▲ 내측으로 탈구된 슬개골

▶ **슬개골 내측 탈구의 원인**

선천적인 경우가 대부분이며, 외상으로 인한 경우 슬개골 지지 인대가 끊어지면서 탈구가 생기기도 합니다.

▶ **슬개골 내측 탈구의 증상**

초기에는 별다른 증상이 없어서 모르고 있다가 신체검사 시 우연히 발견되는 경우가 많습니다. 전조 증상이 없다가 갑작스럽게 절뚝거리며 걷는데, 걸을 때 탈구가 있는 다리를 간헐적으로 들고 걷는 모습을 볼 수 있습니다. 뒤에서 보면 엇박으로 걷는 것처럼 보입니다. 이런 증상은 시간이 지나면서 나아지기도 하지만 증상이 심해지면 아예 다리를 절 수 있으니 잘 관찰하는 것이 중요합니다.

### ▶ 슬개골 내측 탈구의 치료 및 예방

다리를 저는 증상이 반복되거나 나아지지 않을 경우 또는 탈구가 심하게 진행된 경우에는 수술을 통해 교정해야 합니다. 내과적인 처치 및 환경 조성은 탈구의 진행을 늦추고 통증을 경감시켜 삶의 질을 올리는 것이 목적이며, 몸무게를 줄이면 그만큼 관절에 가는 부담도 줄어들어 탈구의 진행을 늦추거나 증상을 완화하는 데 도움이 될 수 있습니다.

예방법으로는 관절에 최대한 부담을 줄여주는 것이 좋습니다. 발바닥 털이나 발톱이 긴 경우 쉽게 미끄러질 수 있으니 철저히 관리하고, 관절에 무리를 줄 수 있는 실내 공놀이는 피하도록 합니다. 뛰어오르거나 뛰어내리는 행동은 관절에 부담을 많이 주므로 하지 못하게 하고 그 대신 계단 등을 설치해서 오르내릴 수 있도록 합니다. 주로 이용하는 공간에 슬개골 매트를 깔면 미끄러짐을 방지하고 관절에 가는 충격을 줄일 수 있습니다. 체중에 따라 권장되는 매트의 두께가 다른데, 소형견은 얇은 매트가 좋고 체중이 많이 나가는 경우 조금 더 두꺼운 매트를 사용하면 됩니다. 평지 운동은 지속하되 소형견의 경우 15~20분 내외로 짧게 여러 번에 걸쳐 나눠서 하고, 경사진 길을 오르거나 계단을 올라가는 것은 비교적 괜찮지만 내려올 때는 안아주어 관절에 부담이 가지 않도록 합니다.

Chapter 5

# 노년기
*- 8살부터~ -*

01. 노년기
02. 노년기에 신경 써야 하는 변화 및 관리
03. 노년기에 자주 보이는 질환 및 대처법

# 01 노년기

개는 크기가 클수록 빨리 늙기 때문에 소형견이 대형견에 비해 오래 사는 것이 일반적입니다. 25kg 이하의 개들은 10세 이상이면 노령견이라고 보지만 대형견은 7~8세부터 이미 노령에 접어들었다고 볼 수 있습니다. 노화의 차이는 정확히  알려지지 않았지만 크기에 따른 세포 성장과 관련이 있는 것으로 보입니다. 물론 나이와 상관없이 마른 체형의 개가 더 오래 사는 경향이 있으니 노년기에 접어들수록 비만이 되지 않도록 주의하는 것이 좋습니다.

사람들은 개가 나이를 먹고 행동이 느려지면 놀이나 활동을 더는 좋아하지 않으리라 생각합니다. 하지만 이는 잘못된 생각입니다. 나이가 들어서도 개와 함께 놀아주고 다른 개들과도 놀 수 있게 해주어야 합니다. 또한 보호자와 반려견 모두가 건강하고 행복한 반려견의 노년을 맞이하기 위해서는 준비가 필요합니다.

## 🐾 노년기에 함께하면 좋은 활동

### •• 물놀이 하기 ••

노년기의 개들은 대부분 관절염을 겪습니다. 관절의 문제로 다리가 아픈 개들에게 가장 좋은 활동은 바로 물놀이입니다. 굳이 시간을 내어 반려견 수영장을 찾을 필요는 없습니다. 집에서 욕조로도 충분히 즐길 수 있기 때문입니다.

먼저 물 온도는 너무 뜨겁지 않게 합니다. 다만 개는 털이 있어서 온도가 차단되기 때문에 사람이 느끼는 것보다 더 미지근하게 느낄 수 있습니다. 개마다 차이는 있겠지만 물의 최적 온도는 38℃ 전후이고 40℃를 넘지 않도록 주의해야 합니다. 입욕제는 당연히 사용하지 않도록 하고, 반려견을 혼자 두는 것보다는 보호자가 함께 들어가 놀아주는 것이 좋습니다. 물속에서는 자연스럽게 몸을 이완시키고 틈틈이 다리 운동을 하도록 도와줍니다. 물놀이는 5~10분 정도가 가장 적당하며, 밖으로 나왔을 때는 수건으로 가볍게 물기를 닦은 후 바로 말려줍니다. 이때 털을 완벽하게 말리지 않으면 피부병이 생길 수 있으니 주의합니다.

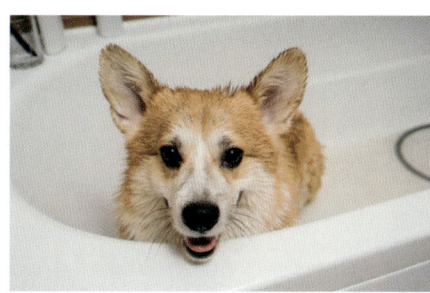

## •• 산책하기 ••

산책은 운동도 되지만 정신적인 자극에도 도움이 됩니다. 산책을 통해 다리 근육을 사용하고 다양한 냄새를 맡으며 뇌를 자극하는 것은 신체의 건강뿐만 아니라 정신적인 건강 유지에도 꼭 필요한 일입니다. 또한 산책을 하면서 다른 동물과 교류하는 것도 중요하니 나이가 들었다고 해서 집 안에만 있는 것보다 밖으로 나가 활동하는 것을 추천합니다.

관절염은 다리뿐만 아니라 목과 척추에도 생깁니다. 그러니 지금 사용하고 있는 목줄을 불편해하지는 않는지 살펴보고, 만약 목줄을 불편해한다면 가슴줄로 바꾸거나 가슴줄의 형태를 바꿔야 할 수도 있습니다. 산책할 때는 반려견의 걷는 속도에 맞춰 천천히 산책하고, 무리해서 멀리 가지 않도록 합니다. 처음에는 잘 걷는 것 같다가도 쉽게 지쳐 도중에 주저앉을 수 있기 때문에 반려견이 어느 정도 거리까지 걸을 수 있는지 파악해서 왕복 거리만큼만 걷거나 유모차 등을 미리 준비하는 것도 좋습니다.

개의 털에는 보온 기능이 있으니 피부가 보일 정도로 짧게 미용하는 것은 피하도록 하고, 발톱이 길거나 발바닥 털이 길면 쉽게 미끄러지고 보행이 불편할 수 있으니 자주 확인하면서 다듬어주도록 합니다.

 **Sunny's story**

### 원래 느렸지만, 더 느려진 써니

써니는 원래 느리게 걷는 개입니다. 활기찬 개들은 산책할 때 리드줄이 팽팽해질 정도로 당기면서 앞서나가는 경우가 많지만, 써니는 늘 제 뒤에서 따라옵니다. 살짝 과장을 더해 초속 5cm로 걷는다고 말할 정도입니다. 이처럼 원래도 천천히 걸었지만, 최근에는 더 느려지고 가끔 다리를 절기도 합니다. 걱정되는 마음에 엑스레이를 찍어보니 엉덩이 관절에 관절염이 생겼더군요. 어릴 때부터 뛰는 게 영 어색하고 관절이 약하더니 기어코 문제가 생겼나 봅니다. 통증이 계속된다면 염증이 심한 뼈를 일부 잘라내는 수술을 해야 합니다. 써니가 또 수술해야 한다고 생각하니 벌써부터 걱정입니다. 그래도 산책은 나가야 하니 최대한 써니가 안정을 취할 수 있도록 유모차를 준비했습니다. 잘 타고 있을지 걱정되었는데 역시나 처음 타보는 유모차가 어색한지 바짝 얼어붙었습니다. 그런데 걱정도 잠시, 처음에는 어색한 듯싶더니 이내 바깥 구경을 하기 시작했습니다. 중간에 한적한 곳에 내려 산책을 시키려고 했는데 살짝 걷는가 싶더니 유모차 옆으로 와서는 다시 태우라고 신호를 보내더군요. 하루 만에 유모차에 푹 빠진 써니입니다.

유모차는 나이 든 개와 산책할 때 꼭 필요한 물건입니다. 바깥 공기를 마시고 풍경을 보는 것만으로도 충분히 즐거울 수 있습니다. 여기에 한가한 곳에서는 잠시 내려 냄새도 맡을 수 있으니 금상첨화죠.

## •• 다른 개와 놀기 ••

이전부터 다른 개들과 함께 놀기를 좋아했다면 놀이를 지속하는 것이 좋습니다. 다른 개들과의 놀이는 서로 잘 알고 잘 통하기 때문에 신체적으로나 정신적으로나 바람직한 자극이 됩니다. 주변에 적당한 놀이 친구가 없다면 유치원에 다니는 것도 좋습니다. 나이가 어린 개와 만나면 더욱 활발하게 놀 수 있지만, 지치지 않았는지 잘 관찰해야 합니다. 휴식이 필요한데도 계속해서 놀려고 하면 놀던 개들과 잠시 떨어뜨린 뒤 물을 마시게 하고 담요나 방석 위에서 쉬게 합니다. 관절염이나 체력적인 문제로 함께 노는 것이 힘들다면 다른 개들이 노는 모습을 지켜보게 하는 것만으로도 도움이 됩니다. 너무 지쳤을 경우를 대비해 유모차를 준비해 두는 것도 좋습니다.

## •• 자동차 여행하기 ••

나이가 들었다고 좋아하는 것을 멈춰선 안 됩니다. 예전부터 자동차 여행을 좋아했다면 나이가 들어서도 여전히 좋아합니다. 보호자와 함께하는 여행이 주는 분위기와 촉감, 냄새 등은 나이가 들어도 여전히 즐거울 것입니다. 다만 보호자는 예전보다 더욱 세심하게 반려견을 관찰해야 합니다.

이전에는 스스로 차에 타고 내렸더라도 이제는 보호자가 도와주어야 합니다. 특히 관절염이 있다면 탈 때보다 내릴 때 더 힘들어하니 주의합니다. 차에는 폭신하면서도 미끄러지지 않도록 침대나 담요를 깔아주거나 반려동물용 시트를 사용합니다. 운전할 때는 급정거를 하지 않도록 주의하고 1~2시간에 한 번은 차에서 내려 쉴 수 있게 해줍니다. 날씨가 너무 춥거나 더우면 차 안과 밖의 온도 차가 크게 날 수 있습니다. 갑작스러운 온도 변화는 노령견의 건강에 악영향을 끼치므로 자동차 여행은 온도 차가 크지 않은 봄과 가을에 하는 것이 좋습니다.

# 노년기에 신경 써야 하는 변화 및 관리

## 🐾 노년기에 나타나는 행동의 변화

### •• 식사 행동의 변화 ••

나이가 들면 입맛이 바뀌거나 까다로워질 수 있습니다. 또한 나이에 따라 칼로리와 영양소 요구량이 다르므로 적절한 사료로 바꾸는 것이 좋습니다.

밥을 잘 안 먹으려 한다면 입안에 염증이 있거나 이빨에 통증이 있지는 않은지 확인해야 합니다. 통증이 있다면 먹어야 하는 양만큼 먹지 못해 영양에 불균형이 생길 수 있을뿐더러, 충분히 씹지 못하고 위로 넘어간 음식이 소화에 부담을 주어 위나 장에 문제를 일으킬 수 있습니다. 이빨이 튼튼해야 더욱 건강하게 오래 살 수 있으니 이빨 관리는 일찍부터 시작하고 노령으로 접어드는 시기에는 더욱 자주 확인해야 합니다. 최소한 6개월에 한 번은 구강 검진을 받고 치료가 필요하면 즉시 치료합니다. 만약 목이나 척추에 염증이 있으면 숙이는 것이 힘들어지는데, 이럴 때는 밥그릇과 물그릇을 머리 높이로 높여주는 것도 큰 도움이 됩니다.

갑작스러운 식욕의 변화는 질병 때문일 수도 있습니다. 저절로 나아지기를 기다리지 말고 조금이라도 이상 증상을 보이면 바로 검사를 받는 것이 좋습니다. 노령의 개는 어제와 오늘이 다릅니다. 정기적인 검사로 정상 수치를 알고 있으면 문제가 생겼을 때 더 빨리 알아챌 수 있고 심각성을 파악하는 데도 도움이 됩니다. 먹는 즐거움은 개들이 누릴 수 있는 최고의 즐거움 중 하나입니다. 최대한 오랫동안 즐길 수 있도록 도와줍시다.

▲ 식기 받침대를 사용하면 목을 많이 숙이지 않아 밥 먹기 훨씬 수월합니다.

## •• 배뇨/배변 행동의 변화 ••

나이가 들면 관절의 염증과 통증으로 인해 화장실 가는 것이 힘들어질 수 있습니다. 화장실이 너무 멀거나 문턱이 높으면 화장실까지 가지 못하고 중간에 실수를 하기도 합니다. 이렇게 자꾸 실수하다 보면 점점 화장실 가는 것을 꺼리게 되고 생리 현상을 참다가 결국 방광염이나 변비에 걸리기도 합니다. 특히 변비의 경우 결장에서 계속 장내의 수분을 흡수하기 때문에 시간이 지날수록 변이 커지고 단단해져 더욱 변을 보기 힘들어지고 통증이 생기기도 합니다. 갑자기 배변 횟수가 줄었다면 원인을 찾아내고 치료해 주어야 합니다.

방광염을 예방하기 위해서는 소변을 참지 않도록 자주 화장실로 데려가서 소변을 보도록 유도합니다. 화장실은 잠자리와 가까운 곳에 두고 문턱이 없어야 합니다. 필요하다면 방마다 하나씩 두는 것도 좋은 방법입니다. 기저귀를 차야 하는 경우 자주 갈아주고 위생을 위해 털은 짧게 유지합니다. 살이 접히는 곳은 베이비파우더를 뿌려서 짓무르지 않게 합니다. 변비의 경우에는 사료를 물에 불려 부드럽게 해주면 먹기도 쉽고 소화도 잘 되며, 물을 많이 섭취하게 되어 변이 물러집니다. 규칙적인 운동은 소화를 돕고 배변도 원활하게 해주기 때문에 하루에 여러 번의 짧은 산책을 통해 대소변을 모두 해결하는 방법도 있습니다. 필요하다면 관절 진통제를 복용하는 것도 좋지만 신장이 좋지 않다면 주의해서 사용해야 하고, 반복적인 변비가 있다면 소화를 도와주는 차전자피 성분의 보조제를 1/2~2티스푼 정도 사료에 섞어서 주는 방법도 있습니다.

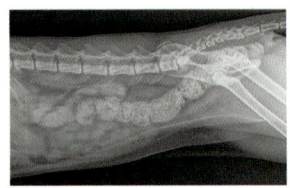
▲ 변비 x-ray

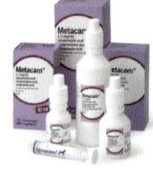
▲ 관절 진통제

▲ 차전자피 보조제

## •• 수면 행동의 변화 ••

나이가 들면 인지 능력이 떨어지게 됩니다. 인지 능력이 떨어지면 이전에는 하지 않았던 행동을 보일 수 있습니다. 낮에는 죽은 듯이 잠을 자고 밤에 일어나 목적 없이 걷기도 합니다. 그렇게 걷다가 구석에 다다르면 그대로 멈춰 있거나 이유 없이 짖기도 합니다.

이런 행동은 운동을 통해 호전시킬 수 있습니다. 낮에 충분히 운동을 시키면 밤에 숙면을 취하는 데 도움이 됩니다. 가볍게 산책하는 것이 가장 좋으나 상황이 여의치 않으면 집에서 간단하게 놀아주도록 합니다. 침구를 바꾸는 것도 방법입니다. 나이가 들수록 푹신한 침구를 좋아하니 침대나 방석을 더 푹신한 것으로 바꿔주고, 통증이 있는 개라면 정형외과용 메모리폼이 도움이 됩니다. 침구류를 선택할 때는 세척이 쉬운 것을 선택합니다. 자는 도중에 실수할 수도 있고, 최대한 청결하게 유지해야 면역력이 떨어졌을 때 질병에 쉽게 걸리지 않습니다. 만약 인지 장애로 인한 수면 변화가 극심하다면 관련 약물을 처방받아 먹이도록 합니다. 약 처방은 보호자와 반려견 모두의 삶의 질을 향상시켜 줄 수 있습니다.

## 노년기에 꼭 필요한 관리

### 다른 개와의 관계

개는 매우 사회적인 동물입니다. 무리 생활에 익숙하며 다른 개체와 상호 작용을 하고, 주변 환경에 영향을 받습니다. 그러므로 혼자 두기보다는 오랫동안 함께 지내는 친구가 있으면 좋습니다. 꼭 함께 살지 않아도 되며 자주 만나는 친구 정도로도 충분합니다. 개는 다른 개의 신체 언어를 서로 잘 이해하기 때문에 노령견을 아프게 할 만한 일은 하지 않습니다.

새로운 강아지를 입양하는 것도 고려해볼 수 있습니다. 어린 강아지는 에너지가 넘치기 때문에 노령견의 무료한 삶에 활력을 줄 수 있습니다. 물론 노령견이 강아지의 놀이 욕구를 다 맞춰줄 순 없겠지만 조금씩이라도 같이 놀고 강아지의 활기찬 모습을 보는 것만으로도 신체적으로나 정신적으로 좋은 자극이 됩니다. 강아지를 입양할 계획이라면 기존의 반려견이 너무 나이가 들었을 때보다는 6~8세 정도에 입양하면 좋습니다. 8살이 넘어가면 같이 놀기 힘들 수 있기 때문입니다. 이 시기의 강아지 입양은 노령견에게도 도움이 되지만 새로운 강아지에게도 부모가 생기는 효과가 있습니다. 어린 강아지는 노령견의 수명도 연장시키고 남은 날들을 행복하게 살 수 있게 해줍니다. 다만 평소 다른 개들과의 관계에 어려움을 겪고 있다면 새로운 강아지가 들어왔을 때 적응하지 못할 수 있으니 이런 경우에는 입양을 신중하게 결정해야 합니다.

## •• 냄새 맡기의 중요성 ••

 냄새를 맡는 후각 뉴런은 평생을 계속해서 새로운 세포로 대체됩니다. 그만큼 후각이 중요하다는 의미입니다. 개는 냄새를 통해 정보를 얻기 때문에 냄새를 맡는 행위는 인지 기능과 밀접한 관련이 있습니다. 나이가 들수록 인지 기능은 떨어질 수밖에 없으니 후각 자극을 통해 관리해 줄 필요가 있습니다.

집 안 곳곳에 사료나 간식을 숨겨 두어 반려견이 스스로 찾아서 먹게 하는 것은 좋은 놀이가 됩니다. 푸드 퍼즐이나 노즈워크 담요 등을 사용하는 것도 좋으며, 그 대신 나이를 생각해 너무 어렵지 않게 난이도를 조절하고 조금 더 좋아하는 간식을 사용합니다. 평소 다니지 않던 새로운 장소에 데려가서 냄새를 맡게 하는 것도 좋습니다. 새로운 곳, 새로운 동물의 냄새는 후각을 자극하는 데 큰 도움이 됩니다. 냄새로 인한 기억은 처음으로 얻고 마지막으로 잃게 되는 기억입니다. 다양한 냄새를 충분히 맡게 하는 것은 인지 자극에 아주 중요한 역할을 합니다.

## •• 위생 관리의 중요성 ••

위생은 노령견뿐만 아니라 견생의 전반에 있어서 반드시 신경 써야 하는 부분입니다. 나이가 들어서 갑자기 하려고 하면 적응하기까지의 과정이 너무 어려우니 어릴 때 시작해서 익숙하게 만들고 지속적으로 관리해 주어야 합니다.

- **눈** : 나이가 들면 눈곱이 많아지는데 눈곱이 단단하게 굳으면 피부에 자극이 될 수 있으니 바로바로 제거해 주어야 합니다. 쉽게 떨어지는 눈곱이라면 미용티슈를 사용하고 단단하게 굳어 있다면 눈곱빗 등을 사용해서 제거해 줍니다.

▲ 눈곱빗

- **귀** : 귀에서 냄새가 나거나 귀지가 많아지진 않았는지 확인합니다. 적어도 일주일에 한 번은 확인하고 가볍게 닦아줍니다.

- **이빨** : 매일 양치질하는 것이 가장 좋지만, 매일 하는 것이 어렵다면 일주일에 3~4번 정도는 강아지 전용 치약과 부드러운 칫솔을 사용해 닦아주도록 합니다.

- **발톱** : 발톱이 너무 길면 걷는 데 불편하니 주기적으로 관리하도록 합니다. 너무 짧게 자르면 피가 날 수 있으니 끝부분을 다듬는다는 느낌으로 자릅니다. 만약 발톱 자르기를 싫어한다면 처음에는 한두 개만 자르고 간식을 주어 끝낸 뒤, 다음에 다시 한두 개를 자르는 등 시간을 두고 나눠서 자르는 것이 좋습니다.

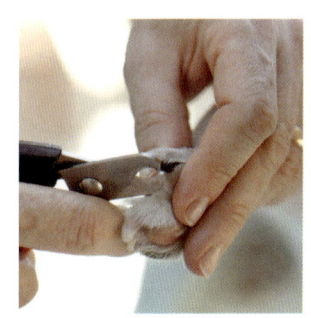
▲ 발톱 관리

- **발바닥** : 발바닥 털도 관리해야 합니다. 노령견은 관절이나 근육이 약해져서 어릴 때보다 쉽게 미끄러지고 다칠 수 있습니다. 강아지용 발바닥 클리퍼를 사용해 발바닥 위로 덮이는 털들만 가볍게 제거합니다. 발톱 관리와 마찬가지로 털 밀기를 싫어한다면 한 번에 하려 하지 말고 시간을 들여 여러 번에 걸쳐 나눠서 하는 것이 좋습니다.

▲ 발바닥 클리퍼

위생 관리는 반드시 해야 하지만 대부분의 개들이 하기 싫어하는 일입니다. 그렇다고 억지로 하면 오히려 안 좋은 기억이 더해져 점점 관리하기 어려워집니다. 이럴 때는 강경책보다는 회유책이 더 효과적입니다. 간식을 주면서 달래고 하기 싫어하면 나눠서 하는 것이 앞으로 꾸준히 관리할 수 있는 방법입니다. 다만 간식은 꼭 위생 관리가 끝난 후에 주어야 더 효과적입니다.

# 노년기에 자주 보이는 질환 및 대처법

### 🐾 노령성 질병

노령의 개에게 나타나는 질병은 대부분 만성적인 경과를 보입니다. 대개는 완치가 되지 않는 질환들이기 때문에 진단 후 평생 약을 먹이면서 관리해야 합니다. 노령성 질환을 진단받았더라도 적절한 투약과 관리가 이루어지면 남아 있는 시간을 충분히 잘 보낼 수 있습니다. 대표적인 노령성 질환에 대해 알아보겠습니다.

#### •• 심부전(MMVD) ••

심장이 제 기능을 하지 못해 혈액이 원활하게 공급되지 않아 문제가 생기는 것으로 판막 이상이 심장 질환의 80% 정도를 차지합니다. 판막 중에서도 이첨판의 문제가 70% 정도인데, 이첨판은 좌심실과 좌심방 사이에 위치하는 판막을 말합니다.

▶ 심부전의 원인

이첨판 질환의 원인은 명확하게 밝혀져 있지 않지만, 유전적인 요소가 크게 관여하고 있는 것으로 보입니다. 대부분의 품종에서 나타나지만 닥스훈트, 미니어처 푸들, 요크셔 테리어와 같은 중소형 품종에서 더 많이 발병하는 경향이 있습니다. 나이가 들어갈수록, 암컷보다는 수컷이 심부전에 걸릴 확률이 더 높습니다.

▶ **심부전의 증상**

초기에는 증상이 없다가 질병이 악화되면서 증상이 나타납니다. 빠른 호흡, 호흡 곤란, 기침, 침울 및 허약, 식욕 부진 등의 증상을 보이며, 잇몸이나 혀 등의 점막이 산소 부족에 의해 파랗게 보이는 청색증이나 조금만 움직여도 쉽게 지쳐 운동을 기피하는 운동불내성 등이 나타납니다.

▶ **심부전의 치료 및 예방**

검사를 통해 이첨판 질환의 단계를 구분하고 필요에 따라 약물 치료 여부를 결정합니다. 심장병이 있더라도 약물 처치가 필요하지 않은 단계라면 6~12개월 간격으로 모니터링을 하면 되지만, 약물 처치가 시작되면 저염식으로 바꾸고 평생 약물을 복용해야 합니다. 심장 질환이 있는 개는 언제든 위급 상황이 올 수 있으니 응급하게 갈 수 있는 병원을 미리 알아두는 것이 좋습니다.

 **Key Point**

### 수면 중 호흡수 체크

심장 질환 환자의 수면 중 호흡수 체크는 질병 대응에 아주 중요한 역할을 합니다. 현재 상태가 잘 유지되고 있는지, 아니면 증상이 악화되어 폐에 물이 차고 있는지 알 수 있습니다.

- **체크 방법**

깊은 수면 중 1분 동안의 호흡수를 체크합니다. 호흡수는 배가 한 번 들썩이는 것을 1회로 보며, 여러 번 반복 체크해서 가장 적은 호흡수를 기준으로 합니다. 호흡수가 1분에 20회 미만이라면 괜찮습니다.

- **긴급 상황**

수면 중 호흡수가 30회 이상인 경우, 지난번 측정치보다 2일 연속으로 5회 이상 높게 나오는 경우(20회 → 25회 이상), 수면 중 호흡수가 증가하면서 기침을 하는 경우라면 병원에 방문해야 합니다.

폐수종은 심장 질환이 있는 개들에게 언제든지 나타날 수 있으며, 대처가 늦으면 살릴 기회를 놓치게 됩니다. 수면 중 호흡수를 체크해 두면 빨리 이상을 알아차리고 늦지 않게 대처할 수 있습니다.

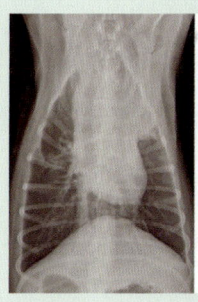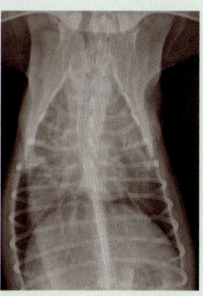

▲ 좌측에 비해 우측 폐는 물이 차서 흐려 보입니다.

## •• 갑상선 기능 저하증 ••

갑상선은 개의 목 부위에 있는 기관으로 이곳에서 분비되는 갑상선 호르몬은 단백질 합성 촉진, 당 대사 조절, 성장 촉진 등 전반적인 신진대사 속도에 관여합니다.

### ▶ 갑상선 기능 저하증의 원인

갑상선 호르몬이 부족해지면서 발생하는 질병입니다. 평소에는 인지하지 못하고 있다가 탈모 증상으로 내원하며 검사받는 도중 발견되는 경우가 많습니다. 슈나우저, 닥스훈트, 셰틀랜드 쉽독, 코카 스패니얼, 래브라도 리트리버 등의 품종에서 많이 발생합니다.

### ▶ 갑상선 기능 저하증의 증상

갑상선 기능 저하증이 있는 경우 기력이 없어지고 식욕이 없는 데 반해 체중은 늘어납니다. 추위도 많이 타고 대칭성으로 탈모가 나타날 수 있으며 피부가 건조해지면서 허물이 벗겨지거나 색소 침착이 나타납니다. 털이 빠지고 기운이 없어지면서 많이 먹지 않

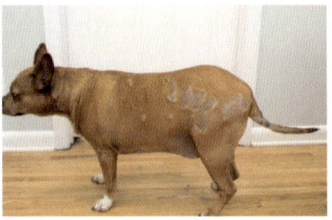
▲ 갑상선 기능 저하증의 증상

는데도 살이 찌는 것처럼 보이면 내원해서 호르몬 관련 검사를 받아보는 것이 좋습니다.

### ▶ 갑상선 기능 저하증의 치료 및 예방

갑상선 호르몬 약을 먹는 것으로 치료할 수 있습니다. 호르몬 약 복용 시 적정량의 투여가 중요하기 때문에 정기 검사를 통해서 혈중 호르몬 농도가 일정하게 유지되고 있는지 확인해야 합니다.

## •• 부신 피질 기능 항진증(Cushing's syndrome) ••

부신은 체내 당분의 대사를 돕는 호르몬을 분비하는 신체 기관입니다. 호르몬은 적게 분비되어도 많이 분비되어도 문제가 생기는데, 부신 피질 기능 항진증은 호르몬이 지나치게 많이 분비되어 발생하는 질병입니다.

### ▶ 부신 피질 기능 항진증의 원인

부신 피질 기능 항진증은 쿠싱 증후군이라고도 불리며 부신의 바깥쪽에 위치한 피질에서 호르몬이 과도하게 분비되면서 발생하는 여러 가지 증상들과 합병증을 가리키는 말입니다. 주로 뇌하수체와 부신의 종양에 의해 발생하지만, 스테로이드의 과량 투여로 인해 발생할 수도 있습니다.

### ▶ 부신 피질 기능 항진증의 증상

물을 많이 마시고 그만큼 소변을 자주 봅니다. 대칭성 탈모가 생기고 피부염이 지속적으로 재발하기도 하며, 배가 불룩해지고 피부가 얇아지기도 합니다. 호흡이 빨라지고 근육이 감소하는데 이런 신체적인 변화로 인해 무기력증이 나타날 수 있습니다.

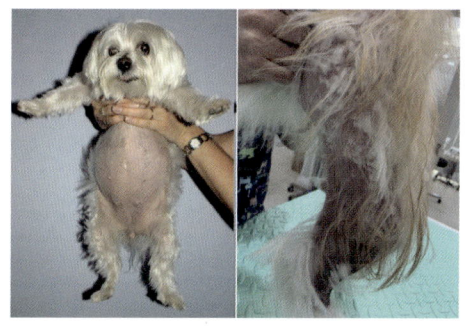

▲ 부신 피질 기능 항진증의 증상

### ▶ 부신 피질 기능 항진증의 치료 및 예방

임상 증상이 뚜렷하지 않으면 굳이 치료할 필요는 없습니다. 하지만 만약 부신에 종양이 생긴 경우라면 수술을 고려하되, 수술이 불가능한 경우 약물을 사용해 치료하게 됩니다. 초기에는 약물 투약 후 검사를 통해 적정 용량을 찾은 뒤, 이후에는 주기적인 검사를 통해 혈중 호르몬 농도가 적정하게 유지되고 있는지 확인하고 필요에 따라 약물을 조절합니다. 과량의 약물 투여는 오히려 부신 피질을 과도하게 억압하고 부신 피질 저하증의 증상을 보일 수 있으며 때로는 쇼크를 유발하기도 하니 약물 용량은 반드시 수의사와 상의해야 합니다. 또한 약물 투약 후 식욕 부진, 무기력, 오한/떨림, 구토, 설사 등의 부작용이 생길 수 있으니 해당 증상을 보이면 즉시 병원에 내원해서 검사를 받도록 합니다.

## •• 만성 신부전 ••

신부전은 신장이 제대로 기능하지 못하면서 발생하는 질병입니다. 급성과 만성 두 가지 유형으로 구분되며, 급성 신부전의 경우 빨리 발견해 치료하면 신장 기능을 되살릴 수 있지만 만성 신부전은 원래대로 돌이킬 수 없습니다.

### ▶ 만성 신부전의 원인

신장의 기능이 감소하면서 정상적인 기능을 하지 못하는 상태가 지속되는 것이 원인입니다. 비글, 코커 스패니얼, 도베르만, 라사 압소, 웰시 코기, 사모예드, 시추 등의 품종에서 많이 발생합니다.

### ▶ 만성 신부전의 증상

물을 많이 마시고 그만큼 소변을 자주 봅니다. 식욕 부진과 구토로 인해 체중이 감소하며, 부종 및 복수 등의 증상을 보입니다. 요독증 증상이 심해지면 입안에 궤양이 생기고 소변 냄새가 나기도 합니다.

▶ **만성 신부전의 치료 및 예방**

만성 신부전으로 진단되는 경우라면 신장 기능이 정상에 비해 약 25% 정도 남아 있다고 볼 수 있습니다. 만성 신부전의 관리 목표는 기능의 회복이 아니라 남아 있는 25%의 신장 기능을 최대한 오래 유지하는 것입니다. 또한 신장 기능이 줄어들면서 발생하는 문제들을 해결하거나 보완하는 방향으로 치료하게 됩니다.

고혈압이 있다면 고혈압 약을 처방받아 혈압을 관리해야 하며, 신장 사료를 먹이고 간식은 제한해야 합니다. 혈액 검사에서 인 수치가 높으면 인 흡착제를 추가로 먹입니다. 소화기 증상이 있다면 관련 약물을 따로 처방받아 먹이고, 빈혈이 생겼다면 조혈 주사를 맞추거나 극심한 빈혈의 경우 수혈을 받아야 할 수도 있습니다. 신부전에 사용되는 유산균이나 오메가3를 먹이는 것도 도움이 되며, 탈수가 있다면 수액을 통해 탈수 교정을 하고 수시로 물을 갈아주어 충분한 수분을 섭취할 수 있도록 도와줍니다.

 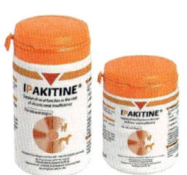 

▲ 신장 사료　　▲ 인 흡착제　　▲ 충분한 수분 섭취

•• **당뇨병** ••

개도 당뇨병에 걸릴 수 있습니다. 개에서는 주로 인슐린 의존성의 Type 1 당뇨병이 대부분을 차지합니다. 암컷이 수컷에 비해 3배 정도 많이 발생하고 주로 6~9세 사이에 발병하는 경우가 많습니다.

▶ 당뇨병의 원인

당뇨병은 인슐린 부족이나 인슐린에 대한 저항성의 증가로 인한 만성 탄수화물 대사 장애가 원인입니다. 이로 인해 혈당이 상승하고 결과적으로 소변으로 당이 배출되는 것을 당뇨라고 합니다. 개에서는 췌장의 베타(β)세포 파괴로 인한 1형 당뇨가 가장 흔하게 발생하며 유전적인 요인도 있으나 비만인 개에게서 더 많이 발생합니다.

▶ 당뇨병의 증상

질병의 초기에는 다음/다뇨와 식욕 증가, 체중 감소 등의 증상을 보이다가 병이 진행되면 침울, 쇠약, 구토, 식욕 부진, 탈수, 무기력 등의 증상을 보일 수 있습니다.

▶ 당뇨병의 치료 및 예방

식이 조절과 인슐린 투여로 대부분은 정상적인 생활을 이어갈 수 있습니다. 당뇨병 진단 후 검사를 통해 적정한 인슐린 양을 결정하는 것이 매우 중요합니다. 이후에는 주기적인 검사를 통해 혈당이 일정하게 유지되고 있는지 확인하고 필요하다면 인슐린의 용량을 조절합니다. 또한 섬유질이 많은 당뇨용 사료로 바꾸어 혈당이 급격하게 오르는 것을 방지해야 합니다.

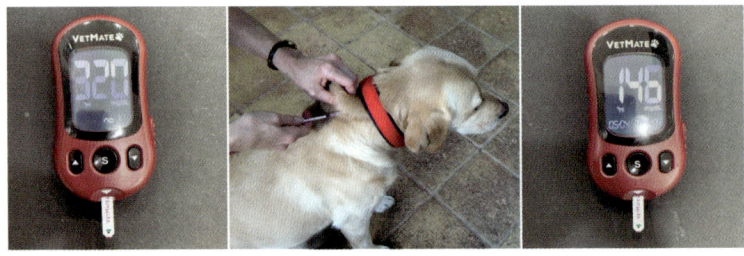

▲ 높은 혈당　　　　▲ 인슐린 주사　　　　▲ 낮아진 혈당

## •• 인지 기능 장애 ••

인지 기능 장애는 노령견에게 흔히 발생하는 질환으로 사람으로 따지면 치매와 유사하다고 생각하면 됩니다.

### ▶ 인지 기능 장애의 원인

인지 장애는 노화가 가장 주요한 원인입니다. 나이가 들어감에 따라 상호 작용의 오류, 배변 실수, 수면 패턴의 변화, 방향 감각 또는 인지와 관련된 행동의 점진적인 이상 변화를 말합니다.

### ▶ 인지 기능 장애의 증상

일반적으로 나타나는 증상은 사회적 상호 작용의 변화, 방향 감각의 상실, 수면 및 대/소변 패턴의 변화입니다. 하지만 노령견의 경우 관절염 때문에 소변 실수를 하기도 하고 시력이나 청력의 감소도 행동 패턴에 영향을 줄 수 있으므로 인지 장애로 진단하기 전에 신체 문제를 먼저 감별해야 합니다.

### ▶ 인지 기능 장애의 치료 및 예방

인지 장애의 증상이 건강을 해칠 정도라면 관련 약물을 복용하는 것이 좋습니다. 인지 장애에 사용하는 약에는 여러 종류가 있으니 병원에 방문해 정확하게 진단한 후 증상에 맞는 약을 처방받아 사용하도록 합니다. 항산화제나 오메가3 등의 보조제는 증상이 나타나기 전에 먹이는 것이 더 효과적이므로 10살이 넘어가면 먹이도록 합니다.

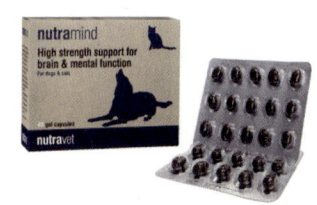

▲ 인지 기능 보조제

산책은 다양한 사회적 상호 작용을 할 수 있도록 돕는데 이는 인지 자극에 꼭 필요한 요소입니다. 그러니 자주 산책을 나가 신선한 공기를 마시게 합니다. 걷기 힘들어한다면 유모차를 사용해도 좋습니다. 산책이 어렵고 움직임이 적은 개는 근육 마사지를 해주는 것만으로도 도움이 됩니다. 후각을 자극하는 것 역시 뇌를 깨우는 데 꼭 필요합니다. 음식을 데워서 주면 냄새 물질이 활성화되어 후각을 자극하고 식욕을 돋워 줄 수 있으며 어렵지 않은 푸드 퍼즐을 이용하는 것도 인지 자극에 도움이 됩니다.

## Key Point

### 인지 기능 장애(치매) 진단표

| 항목 | 평가 | | 점수 |
|---|---|---|---|
| 식욕 | 정상 | 1 | |
| | 이상하게 먹고 설사함 | 3 | |
| | 이상하게 먹어도 설사하지 않음 | 5 | |
| 생활 리듬 | 정상 | 1 | |
| | 낮이나 밤이나 자는 시간이 많아짐 | 3 | |
| | 낮에는 자고 밤에는 배회함 | 5 | |
| 보행 | 정상 | 1 | |
| | 터벅터벅 걸음 | 3 | |
| | 한 방향으로만 걷거나 선회함 | 5 | |
| 배뇨/배변 | 정상 | 1 | |
| | 가끔 실금을 보임 | 2 | |
| | 무의식중에 대소변을 봄 | 3 | |
| 감각 | 정상 | 1 | |
| | 청각의 감소 | 2 | |
| | 후각의 과민 | 3 | |
| 자세 | 정상 | 1 | |
| | 머리를 숙이고 꼬리를 내림 | 3 | |
| | 이상한 자세를 취함 | 7 | |

| | | | |
|---|---|---|---|
| 목소리 | 정상 | 1 | |
| | 단조롭고 큰 소리를 냄 | 3 | |
| | 한밤중에 짖거나 이상한 대상을 향해 짖음 | 7 | |
| 감정 표출 | 정상 | 1 | |
| | 행동 표현 감소 | 3 | |
| | 행동 표현 소실 | 5 | |
| 상호 관계 | 정상 | 1 | |
| | 다른 사람이나 동물과의 관계 소실 | 3 | |
| | 보호자와의 상호 관계 소실 | 5 | |
| 상황 판단* | 정상 | 1 | |
| | 상황 판단이 이상함 | 3 | |
| | 상황 판단이 매우 이상함 | 5 | |
| 합계 | 20점 이하 : 정상 | | |
| | 21~29점 : 인지 기능 장애 초기 | | |
| | 30점 이상 : 인지 기능 장애 | | |
| 판정 | | | |

* 상황 판단 항목은 개의 행동이 이전과 얼마나 다른가를 말합니다.
(예 : 늘 하던 배뇨 장소를 모름, 좁은 곳에서 뒤로 돌아 나오지 못하고 계속 앞으로 가려고 하거나 그 자리에서 계속 울부짖음 등)

# 이별 준비하기

# 01
# 이별 준비하기

만남이 있으면 이별도 있듯이 언젠가는 사랑하는 반려견을 떠나보내야 하는 순간이 다가옵니다. 품종에 따라 조금씩 차이는 있지만, 일반적으로 개의 평균 수명은 약 12~15세 정도입니다. 따라서 대부분의 반려견은 보호자보다 먼저 죽음에 이르게 됩니다. 반려견과 잘 지내는 데 준비가 필요했던 만큼 이별을 하는 데도 준비가 필요합니다.

## 🐾 이별을 위한 준비

미리부터 이별을 생각하고 슬퍼할 필요는 없습니다. 아직 일어나지 않은 일에 대해 미리 겁먹고 감정을 소모하는 일은 남아 있는 시간을 즐겁고 알차게 보내는 데 방해만 됩니다. 걱정하고 슬퍼할 시간에 추억을 더 많이 쌓는 것이 중요합니다. 그동안 반려견과 함께 찍었던 사진을 정리하며 사진첩을 만들거나 추억할 만한 물건을 정리하며 즐거웠던 한때를 생각해 봅니다. 건강이 허락한다면 반려견이 좋아했던 장소로 짧은 여행을 다녀오는 것도 좋습니다. 나중에 반려견을 생각했을 때 행복했던 기억에 웃음 지을 수 있도록 준비하는 자세가 중요합니다.

무엇보다 반려견이 나로 인해 행복했음을 잊지 말아야 합니다. 대부분의 보호자는 반려견이 죽은 후 슬픔에 더해 죄책감을 가지는 경우가 많습니다. 자신이 좋은 보호자가 아니었다고 생각하거나 더 잘해주지 못했음을 탓하면서 괴로워하기도 합니다. 하지만 혼자서는 살아남을 수 없는 자신과 평생을 함께해 준 보호자를 원망할 반려견은 없습니다. 그리고 반려견도 보호자의 행복을 바란다는 사실을 잊지 말아야 합니다.

## 🐾 반려견의 장례 절차

이별 후의 절차를 알아봅니다. 막상 반려견이 사망하고 나면 당황해서 아무것도 하지 못하는 경우가 많습니다. 미리 절차를 알아두면 당황하지 않고 대처할 수 있습니다.

### •• 장례 절차 ••

▶ **사망 여부 확인**

병원에서 사망했다면 수의사의 확인을 받습니다. 집에서 사망했다면 호흡이 없고 동공이 확장되며, 항문이 열려 변이나 소변이 나온 것으로 확인할 수 있습니다. 시간이 지나면 체온이 떨어져 차갑게 느껴질 수 있습니다.

▶ **시신의 보관**

반려견의 시신은 주로 화장을 하는데, 바로 화장할 수 없는 경우에는 시신이 부패하지 않도록 보관해야 합니다. 우선 시신이 담길 만한 박스를 준비해서 패드나 수건을 깔고 시신을 바르게 눕힙니다. 시신은 시간이 지나면 경직되기 때문에 처음 눕힐 때의 자세가 중요하니, 넉넉한 크기의 박스를 준비해서 편안한 자세로 눕힙니다. 그다음 낮은 온도에서 보관하고 상황이 여의치 않을 경우 아이스팩을 넣어 최대한 부패를 막아야 합니다.

▶ **화장장 방문**

미리 알아둔 화장장에 연락해서 예약한 후 방문합니다. 화장장마다 다를 수 있지만, 장례는 보통 다음과 같은 순서로 진행됩니다.

- **염습** : 반려견의 몸을 깨끗이 닦습니다.
- **입관** : 반려견을 관에 눕히고 마지막 인사를 나눕니다. 관 안에 좋아하는 장난감이나 간식을 넣어주기도 합니다.
- **추모식** : 추모실에서 추억을 되새기고 예식을 진행합니다.
- **화장** : 화장을 진행합니다. 보호자가 볼 수 있게 하는 곳이 많습니다.
- **유골 수습** : 유골을 유골함에 담아 보호자에게 전달합니다.

최근에는 수의부터 관이나 꽃장식까지도 선택할 수 있는 화장장이 많습니다. 유골의 경우 스톤으로 만들어 보관하기도 하고 봉안실에

안치하거나 수목장, 산골장 등을 지원하는 곳도 있습니다. 미리 검색하여 원하는 서비스가 가능한 곳을 알아두거나 다니던 동물병원에 문의하는 것도 좋은 방법입니다.

## 🐾 안락사에 대하여

안락사의 사전적 정의는 살아날 가망이 없는 환자를 본인 또는 가족의 요구에 따라 고통이 적은 방법을 통해 인공적으로 죽음에 이르게 하는 일을 말합니다. 사랑하는 반려견을 내 손으로 떠나보내야 하는 심정은 이루 말할 수 없이 고통스럽겠지만, 신부전 등과 같은 만성 질환을 앓고 있는 경우에서 더는 증세가 호전될 가능성이 없고 고통이 너무 극심하다면 안락사를 결정해야 할 수도 있습니다.

안락사의 결정은 수의사가 혼자서 하는 것이 아닙니다. 충분히 안락사가 지시될 만한 상황이라도 보호자의 동의가 무엇보다 중요합니다. 생명을 좌우하는 일이니 충분한 시간을 들여 고심하고 또 고심해서 결정해야 합니다.

### •• 안락사 조건과 순서 ••

▶ **안락사의 조건**
- 치료 방법이 없고 단순히 수명만 연장되어 스스로 삶을 영위할 수 없는 경우
- 치료에도 불구하고 지속적인 고통이 있는 경우
- 움직일 수 없고 밥을 먹지 못하는 경우

▶ 진행 순서

① 반려견을 떠나보내기 전 보호자는 충분한 시간을 들여 마지막 인사를 나눕니다.

② 고통을 느끼지 않도록 정맥 주사 라인을 통해 마취제를 먼저 주입합니다.

③ 안락사 약물을 주입합니다. 안락사 약물 주입 이후 수 분 이내에 사망에 이릅니다.

④ 수의사는 반려견의 사망을 확인합니다.

⑤ 애도의 시간을 가집니다.

안락사(Euthanasia)는 그리스 말로 '아름다운 죽음'을 뜻합니다. 죽음에 아름다움이라는 말을 쓰기는 어렵지만, 꼭 필요한 상황에서 반려동물이 더 이상 고통받지 않고 편안해질 수 있도록 돕는 일은 그것대로 의미가 있을 것입니다.

# 02
# 펫로스 증후군

## 🐾 펫로스 증후군이란?

사람은 누구나 죽음으로 인한 이별을 경험하게 됩니다. 이별의 대상이 소중했던 만큼 슬픔의 크기도 커질 수밖에 없습니다. 펫로스 증후군은 가족의 일원으로 여기던 반려견의 죽음 이후 나타나는 상실감과 고통, 슬픔 그리고 이로 인해 발생하는 정신적 장애를 말합니다.

## •• 펫로스 증후군의 증상 ••

반려견의 죽음에 대한 반응은 사람마다 다르며 나이에 따라서도 다르게 나타납니다. 2~6세의 아이들은 죽음을 잠자는 것과 동일하게 인식합니다. 따라서 반려견이 다시 살아 돌아올 수 있다고 믿으며 때로는 반려동물의 죽음에 대해 자기도 책임이 있다고 생각합니다. 이때 아이들은 과민해지거나 생활 패턴에 변화를 보이고 퇴행하는 등의 방식으로 슬픔을 표현합니다.

6~12세의 아이들은 죽음에 대해 인식하기 시작합니다. 하지만 대부분 죽음은 자신과 상관없는 다른 사람의 이야기라고 생각하는 경우가 많습니다. 이때 자신과 가까웠던 반려견을 잃게 되면 죽음에 대한 공포가 생기며 동시에 슬픔과 혼란 및 죄책감 등을 느끼게 됩니다. 또한 반려견의 죽음과 관련된 사람들에게 분노를 느끼기도 하는데 사고사라면 가해자를, 안락사라면 담당한 수의사와 안락사를 해 달라고 요청한 부모에게도 분노를 보이는 경향이 있습니다.

성인의 경우 슬픔과 우울, 식욕 부진과 수면 장애, 일상생활에서의 무기력, 죄책감 등의 증상이 나타납니다. 사고로 반려견을 잃은 경우 사고의 순간을 반복적으로 떠올리며 매 순간 힘들어하는 모습을 보이기도 하며, 반려견의 유품을 보관하거나 무의식적으로 반려견을 찾기도 합니다. 반려견의 상실은 남자의 경우 가장 가까운 친구를 잃은 정도의 스트레스를 주고, 여자의 경우 자녀가 집을 떠나거나 결혼한 것보다 더 큰 스트레스를 준다고 합니다.

## 🐾 펫로스 증후군 극복하기

우리나라에서 반려견을 키우는 인구수는 약 천만 명에 달합니다. 그만큼 주변에서 반려견을 키우는 사람들을 쉽게 볼 수 있으며, 이와 비례하여 반려견의 죽음으로 인해 고통받는 사람들 역시 늘어나고 있습니다. 상심에 빠진 보호자의 빠른 회복과 적응을 위해서는 주위 사람들의 위로와 관심이 필요합니다. 반려견과의 사별을 경험한 보호자는 깊은 슬픔에 빠져 우울증이나 외상 후 스트레스 장애로 진행되지 않도록 주의해야 합니다.

## •• 펫로스 증후군 극복 방법 ••

### ▶ 반려견과 보호자의 시간이 다르다는 것 인지하기

반려견과 보호자의 시간은 다릅니다. 반려견을 입양할 때부터 반려견이 먼저 죽을 수 있다는 사실을 알아야 합니다. 반려견과 함께 살아가는 동안 행복한 순간만 있는 것이 아니라 힘든 순간도 있다는 사실을 자각하면서 반려견과의 이별에 준비하고 마음의 상처를 치유할 방법을 능동적으로 찾아야 합니다.

### ▶ 반려견을 상실한 자신의 감정을 솔직하게 표현하기

가장 먼저 더는 반려견이 내 옆에 없다는 현실을 인지하고 자신의 감정을 솔직하게 표현하는 것이 중요합니다. 이러한 감정의 표현은 반려견이 보호자에게 어떤 의미였는지 이해하게 해줄 수 있을 뿐만 아니라 슬픔의 극복에도 도움이 됩니다. 반려견의 죽음을 경험하였거나 공감할 수 있는 지인들과 슬픔을 공유하도록 합니다. 슬픔을 공유할 지인을 찾지 못했다면 수의사나 정신과 의사, 또는 관련 기관 전문가를 찾아 상담을 받는 것이 좋으며, 온라인 추모 서비스를 제공하는 곳이나 펫로스 관련 웹사이트 또는 인터넷 커뮤니티에 가입하는 것도 좋은 방법입니다.

### ▶ 반려견과 좋았던 추억 떠올리기

반려견의 사진을 모아 포토북을 만들거나 반려견과 함께 방문했던 장소를 찾아가 행복했던 추억을 떠올리는 것은 반려견의 죽음으로 인한 슬픔과 비애를 줄일 수 있는 방법입니다. 특히 반려견으로 인해 자신의 인생이 어떻게 바뀌었고 무엇을 얻었는지 떠올려

봅니다. 특별했던 기억이나 사건에는 무엇이 있는지, 반려견의 어떤 점이 그리운지, 그러한 것을 잊지 않기 위해서는 어떻게 해야 할지 생각해 보는 것은 반려견의 상실로 야기된 죄의식과 죄책감을 털어내는 데 도움이 됩니다.

### ▶ 반려견이 사용했던 유품 정리하기

반려견이 사용했던 유품을 순차적으로 정리합니다. 보호자는 종종 반려견의 공간을 치우면 반려견과 함께했던 추억까지 사라질 것 같다는 생각에 밥그릇, 침대, 장난감 등의 유품을 그대로 두곤 합니다. 하지만 이것은 전혀 도움이 되는 일이 아닙니다. 오히려 반려견의 빈자리를 더욱 크게 느끼게 되고 물건을 볼 때마다 슬픔과 비애가 지속될 것입니다. 그러니 반려견이 떠났다면 유품들을 하나씩 다른 장소로 이동시키도록 합니다. 한 번에 전부 다 치울 필요는 없습니다. 반려견의 흔적을 조금씩 이동시키는 작은 변화는 심리적 충격을 점차 줄여줍니다. 시간이 지나 보호자가 마음의 준비가 되었을 때 남아 있는 유품을 모두 정리합니다. 사용 가능한 물품은 동물 보호 기관에 기증하는 것도 좋습니다. 이렇게 순차적으로 정리하면 가슴 속에 남아 있던 기억 역시 안정적으로 정리할 수 있습니다.

### ▶ 반려견의 죽음 기억하기

사람의 기일을 챙기듯 떠나간 반려견을 기억할 수 있는 날짜를 정해 특별한 의식을 진행합니다. 장례식이나 추모식, 그리고 기념일 등과 같은 의식을 통해 사랑했던 반려견의 죽음을 기릴 수 있으며, 이러한 의식은 우리가 사별을 슬퍼하고 사랑을 추억하는 데 도움을 줍니다. 이때 주의해야 하는 점은 의식을 통해 슬픔을 극대화하지 않아야 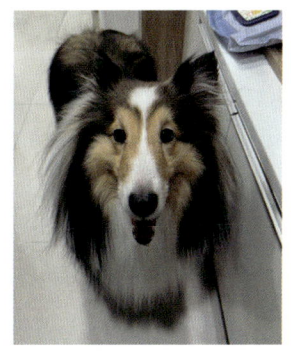 한다는 것입니다. 의식은 슬퍼하기 위해 하는 것이 아니라 모두의 행복을 위한 것입니다. 반려견을 사랑했던 사실은 변하지 않습니다. 현재의 삶을 살아가는 것은 죽은 반려견을 배신하는 것이 아니며, 그들도 우리의 행복을 바라고 있다는 것을 잊지 말아야 합니다.

## •• 어린아이의 펫로스 증후군 극복 방법 ••

반려견을 잃은 어린아이에게는 더욱 세심하고 특별한 도움이 필요합니다. 반려견의 부재로 인한 반응이 성인과 같을 것이라는 생각은 아이의 고통 치유에 전혀 도움이 되지 않습니다. 부모로서 자녀의 고통을 예방하려는 것은 자연스러운 현상이지만 반려견의 죽음을 최소화하여 설명하거나 아무것도 아닌 일로 취급해서는 안 됩니다. 반려견의 죽음은 아이의 인생에서도 매우 중요한 사건이기 때문입니다.

▶ 반려견의 죽음에 대해 명확히 설명하기

어린아이는 반려견의 죽음에 대해 누군가에게 책임이 있다고 생각하기 때문에 아이에게 죽음의 원인과 죽음 이후에 대한 것을 솔직하게 설명해 주어야 합니다. 반려견의 죽음을 잠든 것처럼 표현하지 말아야 합니다. 이런 표현은 아이에게 혼란을 일으켜 잠에 대한 공포가 생길 수 있습니다. 또한 도망갔다고 표현하는 것도 피합니다. 이는 반려견의 관리를 소홀히 한 부모에 대한 원망으로 돌아올 수 있습니다.

▶ 반려견을 떠나보내는 과정 함께하기

반려견의 질병 및 죽음과 관련된 의사 결정에 가능한 한 아이들을 참여시키는 것이 좋습니다. 반려견의 죽음 이후에는 함께 장례식을 치러주고 유품을 묻어주는 등 반려견과 작별할 수 있는 의식을 같이 합니다. 반려견 사진첩이나 인형 만들기, 그림 그리기 등으로 반려견을 추억하는 것도 아이의 상실감 치유에 많은 도움을 줄 수 있습니다.

※ 〈반려동물의 상실로 인한 슬픔, 펫로스(Pet Loss) 증후군의 증상과 대처(서울대학교/모효정)〉 논문 발췌

## 개를 키우고 싶어 하는 사람들에게

이 책은 반려견 육아서입니다. 반려견을 잘 키우고 싶은 사람들에게 도움을 주고자 쓴 책이기도 하지만 동시에 반려견에게도 도움이 되기를 바라는 마음에서 쓴 책입니다. 사람들은 여러 이유로 동물을 키웁니다. 그중에는 동물이 귀여워서 또는 위로가 되어주길 바라는 마음에서 키우려 하겠지만, 정작 그 동물을 키우려면 무엇이 필요하고 어떤 것을 제공해야 하는지는 크게 생각하지 않는 사람들도 있습니다. 제가 수의사로서 일을 시작한 2002년보다는 동물에 대한 인식이 많이 나아졌지만, 아직도 많은 부분에서 준비가 부족한 것이 사실입니다. 부디 이 책이 반려견을 키우고자 계획하고 계신 분들에게 도움이 되었으면 좋겠습니다.

### 나는 이 개의 평생을 책임질 수 있을까?

2010년 동물자유연대에서 조사한 바에 따르면 어릴 때부터 키운 반려견을 죽을 때까지 키운 사람의 비율은 고작 12%에 불과했습니다. 물론 중간에 여러 가지 이유(이사, 결혼, 이웃과의 갈등)로 다른 사람에게 양도하거나 잃어버린 경우도 있기 때문에 나머지 88%의 사람들이 모두 키우던 반려견을 유기한 것은 아닙니다. 하지만 반려견을 데려오기 전에 조금 더 신중했거나 데려와서 동물 등록을 했더라면, 남에게 주거나 잃어버려서 찾지 못하는 일은 없었을 것입니다. 반려견이 도중에 다른 보호자에게 가는 일은 부모가 바뀌는 것만큼이나 큰 스트레스입니다. 미리 계획하고 준비한다면 반려견이 받게 될 스트레스도, 보호자가 느낄 죄책감도 모두 미리 방지할 수 있습니다.

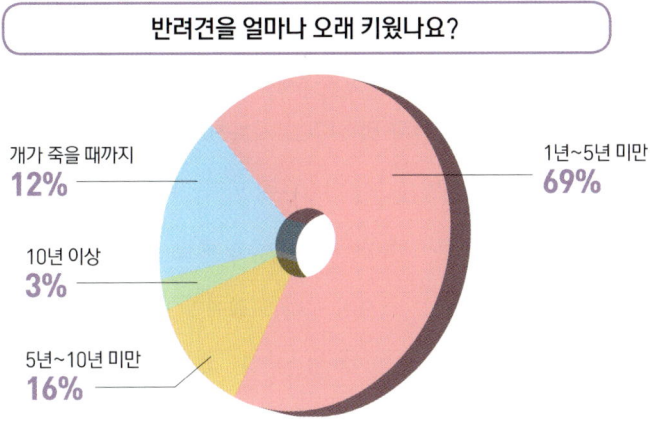

## 개들은 어떤 이유로 버려지는가?

    2023년에 시행한 동물복지 국민의식 조사에 따르면 보호자들이 파양을 고려하는 가장 많은 이유는 반려견의 물건 훼손과 짖음 등의 행동 문제였습니다. 그다음이 비용이었으며 이사/취업 등 생활 여건의 변화가 뒤를 이었습니다.

예전에 일본의 시바견 브리더가 앞으로 한국으로는 시바견을 보내지 않겠다고 하는 기사를 본 적이 있습니다. 사진이나 영상으로 시바견을 접하고는 예쁘다고 분양받아 가지만 얼마 안 가 파양하는 경우가 너무 많았다고 말입니다. 시바견은 똑똑하고 충성스럽지만 경계심이 강하고 예민합니다. 보호자가 어떻게 교육하느냐에 따라 전혀 다른 개가 될 수 있다는 말입니다. 시바견은 어릴 때부터 기본 교육을 충실히 하고 매일 운동시키고 산책하며 신뢰를 다져야 합니다. 보호자와 이런 시간을 가지지 못하고 집에만 갇혀 있는 시바견은 헛짖음이 심해지고 예민해지며 쉽게 공격성을 보일 수 있습니다. 이것은 시바견의 잘못일까요. 아니면 시바견의 특성을 이해하지 못하고 단지 예쁘다고 입양한 보호자의 잘못일까요.

두 번째 파양 이유인 비용 역시 마찬가지입니다. 반려견을 키우는 데에는 비용이 많이 들어갑니다. 단순하게는 의식주 비용이 있습니다. 2023년 기준 반려견 1마리당 월평균 양육 비용은 16.61만 원이었으며 그중 병원비가 6.02만 원입니다. 매일 먹는 사료, 가끔 주는 간식이나 개껌 그리고 주기적으로 해야 하는 목욕 및 미용은 고정 지출이 됩니다. 반려견의 건강을 위한 심장사상충 예방 등의 접종도 고정 지출로 볼 수 있습니다. 여기에 더해 언제나 예기치 못한 상황은 발생합니다. 무심하게 놓아둔 초콜릿을 훔쳐 먹거나, 풀밭에 놀러 갔다가 진드기에 물리기도 합니다. 그나마 이런 진료들은 그리 큰돈이 들지는 않지만, 무릎의 슬개골이 탈구되어 수술이라도 할라치면 목돈이 들어가게 됩니다. 우리가 반려견을 데려온다는 것은 하나의 가족이 늘어나는 일입니다. 그리고 가족을 부양하는 데는 돈이 들기 마련입니다. 너무나 당연한 이야기인데 비용이 많이 들어간다고 하여 파양을 하는 것은 본인의 책임을 회피하려는 것밖에는 되지 않습니다.

**버려진 개들은 어디로 가는가?**

　보통 어린 강아지였을 때부터 따뜻한 실내에서 보호자가 주는 밥을 먹고 살았던 개는 바깥 생활에 적응하기 어렵습니다. 길거리를 배회하다가 사고를 당하거나 떠돌이 개로 남기도 합니다. 그나마 다행이라면 대부분의 유기견들이 보호소로 가게 된다는 것입니다. 2022년 반려동물 보호·복지 실태 조사에 따르면 보호소에 들어온 유기동물 중 새로운 보호자를 찾아간 비율이 27.5%로 가장 많았고, 원래의 보호자에게 돌아간 경우는 12.4% 정도입니다. 돌아간 동물들은 대부분 동물 등록이 되어 있었기에 보호자를 찾는 데 어려움이 없었습니다. 하지만 남겨진 개 중 43.7%는 낯선 보호소에서 죽거나 안락사되었습니다. 이처럼 버려진 개는 밖에서 혼자 살아갈 능력이 없습니다. 동물을 유기하는 일은 죽으라는 말과 다르지 않습니다. 이것이 동물을 입양하는 데 신중해야 하는 이유입니다.

　동물과 교감을 나눈다는 것은 아주 특별한 경험입니다. 오직 나만을 바라보고 나만을 믿어주고 무한한 사랑을 베풀어주는 존재를 만나는 아주 행복한 일이죠. 사람들은 본인이 동물을 케어한다고 생각하지만 정작 마음의 위로를 얻는 것은 본인 스스로인 경우가 많습니다. 부디 이런 특별한 경험을 할 기회를 놓치지 않으시기를 바랍니다.

첫 만남부터 마지막 순간까지, 모두가 행복해지는 반려견 육아서
# 수의사는 개를 이렇게 키운다

| | |
|---|---|
| 초 판 발 행 | 2025년 06월 10일 |
| 발 행 인 | 박영일 |
| 책 임 편 집 | 이해욱 |
| 저 자 | 정병성 |
| 편 집 진 행 | 강현아 |
| 표 지 디 자 인 | 현수빈 |
| 편 집 디 자 인 | 신해니 |
| 발 행 처 | 시대인 |
| 공 급 처 | (주)시대고시기획 |
| 출 판 등 록 | 제 10-1521호 |
| 주 소 | 서울시 마포구 큰우물로 75 [도화동 538 성지 B/D] 9F |
| 전 화 | 1600-3600 |
| 홈 페 이 지 | www.sdedu.co.kr |

| | |
|---|---|
| I S B N | 979-11-383-9196-2 [13520] |
| 정 가 | 17,000원 |

※이 책은 저작권법에 의해 보호를 받는 저작물이므로, 동영상 제작 및 무단전재와 복제, 상업적 이용을 금합니다.
※이 책의 전부 또는 일부 내용을 이용하려면 반드시 저작권자와 (주)시대고시기획·시대인의 동의를 받아야 합니다.
※잘못된 책은 구입하신 서점에서 바꾸어 드립니다.

시대인은 종합교육그룹 (주)시대고시기획·시대교육의 단행본 브랜드입니다.